高等教育发展学术论丛

高等教育与区域经济
协调发展

基于战略管理视阈下吉林省的研究

林凤丽　邸振龙◎著

RESEARCH ON COORDINATED DEVELOPMENT OF
HIGHER EDUCATION AND
REGIONAL ECONOMY PROVINCE FROM
THE PERSPECTIVE OF STRATEGIC MANAGEMENT

经济管理出版社
ECONOMY & MANAGEMENT PUBLISHING HOUSE

图书在版编目（CIP）数据

高等教育与区域经济协调发展：基于战略管理视阈下吉林省的研究/林凤丽，邸振龙著．—北京：经济管理出版社，2020.10

ISBN 978 - 7 - 5096 - 7581 - 6

Ⅰ．①高…　Ⅱ．①林…　②邸…　Ⅲ．①高等教育—关系—区域经济发展—研究—吉林

Ⅳ．①G64②F127. 34

中国版本图书馆 CIP 数据核字（2020）第 169723 号

组稿编辑：王光艳

责任编辑：许　艳　尹珍珍

责任印制：黄章平

责任校对：王淑卿

出版发行：经济管理出版社

（北京市海淀区北蜂窝 8 号中雅大厦 A 座 11 层　100038）

网　　　址：www. E - mp. com. cn

电　　　话：（010）51915602

印　　　刷：北京晨旭印刷厂

经　　　销：新华书店

开　　　本：720mm × 1000mm/16

印　　　张：11. 50

字　　　数：194 千字

版　　　次：2020 年 11 月第 1 版　　2020 年 11 月第 1 次印刷

书　　　号：ISBN 978 - 7 - 5096 - 7581 - 6

定　　　价：68. 00 元

前　言

2020 年是不平凡的一年，是特殊的一年，新年以来我们经历了新型冠状病毒肺炎，举国上下所有力量集结起来，共同抗争疫情，事实证明我们的努力是有成效的，各地停课不停学，各个学校相继开展了丰富多彩的线上教学，并且随着疫情抗争的推进，全国各地陆续复工、复产，助力各地区经济的恢复与发展。

教育与经济是现代社会发展的两大基础，两者相互依存，经济发展为教育发展提供了物质基础，决定了教育的规模、速度和结构的变化；教育能够提高劳动生产率，促进科学技术发展，对经济的发展有促进作用。2019 年大西洋理事会智库报告中提出，中国科技创新能力虽然进步明显，但教育体系不足以培养能够应付复杂智力生产的高水平人才。由此可见，高等教育与经济发展的协调性仍是一个需要理性研究和解决的问题。我国教育部于 2002 年开始明确要求各高校制定"三个规划"，各所大学也逐渐在办学自主权的空间内，制定、实施各种发展战略，各种大学的发展战略层出不穷，高等教育发展正式迈入了实施战略管理的时代。

在高等学校实施战略管理的背景下，在教育与经济双向因果关系的论述基础上，本书以吉林省高等教育与经济增长的历史数据为基础，从高等教育专业设置与地方经济专业需求、传统的教学模式与社会实践、高校结构布局与区域经济发展的结构布局以及大学生的就业与区域人力资源需求四个方面，对吉林省的区位条件、自然资源、人力资源、金融与资本要素、科技资源、产业结构、制度环境等进行了因素分析。根据战略管理强调组织对外部环境的灵活适应性的核心主旨，具象化地研究、探索、评估了吉林省区域内高等教育体系对区域经济发展环境的适应性、协调性，并试图给出一个制定区域经济发展战略的分析框架。由此，希望能够为各级有关政府部门及其研究机构人员在制定区域发展战略时直接提供借鉴。

在本书写作过程中，参考了国内外诸多学者的著述，借鉴了很多观点与思想，对相关论著的作者及专家表示深深的谢意。感谢接受本书调研的企事业单位以及接受访谈的所有受访者，你们为本书提供了有益的启发和宝贵的第一手资料，在与你们交流的过程中，你们的观点和思想启迪了我的心智，拓展了我的研究思路，在此表示最诚挚的谢意。

由于作者的研究水平有限，书中难免有需要完善和调整之处，真诚希望广大读者能够提出宝贵意见和建议，以便在日后的研究中更好地改进。

目　录

第一章

绪 论

在全球经济一体化的时代大背景与大趋势下，高等教育的发展已经与经济的建设牢牢捆绑在一起。正如我国著名经济学家张光斗所说："那些发达国家有科技和生产力，当然高呼这些口号，到别的国家进行经济一体化，产业一体化，很自由。那些不掌握科技和生产力的国家只能被一体化，成为附庸，不太自由。所以我国必须发展科技、生产力和经济，与发达国家相互一体化。国际间科技和生产力交流，必须自己有科技和生产力，才能交流。为此必须加强高等教育与经济建设的结合和合作，发展经济建设和高等教育。"高等教育与经济建设之间的关系在国家范围内的结合更加紧密，同样，在下一个省级区域之间的联系也一样越来越紧密。

第一节 研究背景、研究目的及研究意义

一、研究背景

（一）时代背景

促进区域协调发展是现阶段我国发展中亟待解决的问题之一。当前，全球都

· 1 ·

在经历经济一体化浪潮的洗礼，知识经济在这种浪潮下获得了蓬勃发展。从当前阶段来看，世界经济的总体发展趋势已经呈现出了由劳动密集型转向知识密集型、技术密集型。因此，人才成为了知识密集型、技术密集型产业的重要核心支柱之一。加快高层次人才的培养，加快适应经济发展趋势的知识密集型、技术密集型发展需要的高层次人才培养成为了重要的发展需求。加快高层次人才培养、适应需要的人才培养，也成为了促进经济可持续发展的重要举措之一。世界发达国家的发展历程充分体现了经济的发展不断对高等教育提出各种新的需求、更高的需求，高等教育发展则通过提供各种形式的智力支持的方式对其社会经济发展起到巨大助推作用。高等教育的人力资本的巨大作用在当今社会已经无可替代。

由此，高等教育正在成为实现社会经济增长、社会进步的第一动力。到目前为止，国家、地区之间的经济实力竞争，也正在演化成为一种本质上的人才培养的竞争、高等教育培养质量的竞争。根据系统学中的研究，高等教育、经济体系是社会发展中的两大子系统，只有实现了两者的良性互动和基本协调发展，才能有序地推动社会的发展与进步。

从全球社会的视角来看，高等教育与经济之间的良性互动是推动社会发展与进步的基础，在一定的区域内同样如此。从世界各个国家的发展历程来看，促进区域内部的协调发展，包括高等教育体系与区域经济之间的协调发展，都是世界各个国家所追求的重要目标，尤其是发达国家，区域内部各个社会系统之间包括高等教育与经济发展之间的差距相对较小，协调性普遍较高。

因此，在一定社会区域内，如何开展测量高等教育与区域经济之间的协调关系、发现二者之间的关系性质，分析影响协调关系的因素，找寻影响二者协调关系的问题所在，提出一定的现实对策，从而有效促进一定区域内的高等教育与区域经济之间的协调程度，是一个具有十分重要研究意义的理论与实践问题。

（二）现实需要

吉林省的高等教育与经济发展之间出现了现实性的失调问题。战略管理因其强调组织与环境变化之间的适应，对于解决高等教育与经济发展之间所面临的下述现实性问题具有重要的启发意义。

第一，吉林省的高等教育出现了结构性过渡的问题。"经济衰退、经济危机"与"高等教育的不断扩张"是一对矛盾体。高等教育的不断扩张，对于高等教育体系内部的人来说是一种福音。高等教育的快速发展，可以带来各种各样的好处，带来巨大的社会报酬。但从人类发展历史的角度来审视高等教育，比如"二战"之后，随着各个国家都开始高度重视高等教育的发展，高等教育的发展开始陆续地进入到发展的"黄金时期"。然而，随着石油危机引发的经济危机逐渐蔓延，经济危机开始导致经济衰退、通货膨胀、高失业率的多层面、多类型的沉重打击。也就是此时，社会经济的发展与高等教育的不断迅速扩张的矛盾开始显露出来。社会中所出现的"高青年失业率""文凭膨胀""劳动生产率不断下降"等社会问题逐渐显现出来。

吉林省高等教育在迅速扩张中同样出现了此类问题。当前，我国整个国家的发展正进入一种新常态之中，在这种新常态的经济发展态势之下，暗含着一种经济衰退，从中可看到经济发展开始下行的趋势。然而，吉林省的高等教育在过去十余年的时间中却在不断发展扩张。由此，高等教育的不断扩张与向"大众化""普及化"的目标迈进和经济发展衰退的趋势之间所产生的矛盾在吉林省的区域内呈现出来。

在高等教育的扩张大潮中，有些高校在没有做好规模扩张战略规划的情况下，把近十年的办学重点都放在了规模扩张上，却忽视了质量的提升。因此，很多高等学校为了招收到数量更多的学生，在缺少市场调研、人才需求量调研的情况下，开设了较多的新专业，规模扩张过度。

有些高校因为"求大、求全"而力求办成综合类大学。在规模扩张的冲击下，出现了学校"升格热"，即学校热衷于升格成综合类大学。为了办成综合类大学，学校在缺乏办学基础、办学能力的情况下，在规模扩张的潮流中，急于开办新专业，甚至出现了"农业类大学也办了外语学院"的现实状况。

盲目扩张、盲目设置学科专业等办学行为，在经历了一段时间之后，出现了大量的毕业生"毕业即失业问题"，产生了"考研延缓就业问题"，衍生了"研究生开电梯的问题"，这一系列问题产生了较为严重的后果。

第二，吉林省高等教育的毕业生出现了不适应经济发展需求的问题。通过各种用人单位的反馈，目前高等学校毕业生虽然在学历上实现了快速提升，但是在能力上却没有得到实质性的提升，有的甚至出现了下降的情况；部分用人单位甚至因为招录了部分高学历的毕业生而产生了后续的麻烦。接受过高等教育的毕业生，虽然实现了学历提升，但是学历提升并没有带来用人单位满意度的提高。可以说，目前的毕业生出现了不适应经济发展需求的现实问题。

由此，从毕业生适应社会经济发展的现实状况进行倒推的话，目前的高等教育所培养的人才，必须适应经济社会发展的需求，才能实现更加长远的、可持续的发展。因此，从战略管理的角度研究高等教育与经济发展水平之间的协调问题意义重大。

二、研究目的

自 1999 年 1 月 1 日起正式实施的《高等教育法》，赋予了高等教育很大的办学自主权空间。2002 年，教育部开始明确要求各高校制定"三个规划"①，各个大学也逐渐在办学自主权的空间内，制定、实施各种发展战略。在这种实践背景下，本书的主要目的就是要根据战略管理强调组织对外部环境的灵活适应性的核心主旨，评价吉林省高等教育体系实施战略管理后对整个社会经济发展环境②的适应性、协调性。

本书的开展将丰富高等教育管理领域的理论研究和实践研究体系；通过高等教育与经济发展在规模、结构、效率、协调度四个方面的研究，微观化、具象化探索高等教育与区域经济之间多个层面的协调程度。同时剖析战略管理视域下当前高等教育战略管理所存在的问题及影响因素，试图寻找适应吉林省的高等教育与区域经济协调发展的有效对策。

本书集中解决以下几个方面的问题：

第一，对吉林省高等教育是否适应外部经济发展环境的需要做出评估。这是本书最主要的研究目的。在之前的有关高等教育战略管理的研究中，流程、现状、问题、对策等具有普适性的问题研究较多，但是针对某一具体地域特别是吉林省，专门就高等教育组织对外部环境的适应性，尤其是在经济环境的适应性方面缺少研究。本书的目标就是直指吉林省高等教育对外部经济发展环境的适应性、协调性。

---

① 学校发展战略规划、学科建设和队伍建设规划、校园建设规划。
② 学校发展的外在环境，主要包括政治环境、经济环境、科技环境、文化环境。在本书中，只评估吉林省高等教育在对外经济发展环境中的适应性，其他几个方面的环境适应性不在讨论之列。

第二，运用因子分析法、熵权法等多种研究方法开展实证研究，以及多角度的、多层次的访谈调查，证实高等教育与区域经济发展之间的客观关联性，从规模、结构、效率、协调度四个方面展开研究。探究吉林省高等教育的总体规模是否超出了经济社会的发展需求，高等教育的结构与经济产业结构是否匹配协调，在吉林省经济增长的过程中，吉林省高等教育的贡献到底如何；从教育生产函数的角度来看，高等教育的效率如何，是否与经济发展的效率相匹配；从协调发展的角度来看，吉林省高等教育与区域经济的协调度如何，水平到底是高是低。在规模、结构、效率、协调度四个方面现状研究的基础上，探索存在问题的原因及影响因素。

第三，运用战略管理理论，研究高等教育体系如何从国家级管理部门到省级管理部门、高等学校多个层面做好变革，从而实现高等教育体系更好地适应区域内的经济发展。

三、研究意义

（一）理论意义

本书引入战略管理的视角研究某一省级地域中区域经济与高等教育之间的协调关系，可以进一步丰富区域经济与高等教育发展之间的理论研究体系。从近七八年的研究文献梳理中，我们可以非常清晰、确切地认识到，高等教育与区域经济之间协调关系的研究逐渐成为了一个非常重要的研究领域。但是从整体来看，两者之间关系研究，大多是基于一种实证研究的思路"就事论事"，缺乏基于一定理论框架和思想指导的理论思辨研究与实证相结合的研究。单纯的实证性的研究，可以较好地对两者之间的协调关系进行一种"静态化"的现状分析，但是却不利于"失调"问题更好地、"动态化"地解决。本书的开展，从政府、市场、高等教育机构多方主体相互协调互动的角度，立足于战略管理的视角尝试去更好地解决问题。这样的研究，对于开展区域经济与高等教育之间关系的研究将是一种非常好的尝试和丰富。

另外，本书在高等教育与区域经济协调性的研究中引入战略管理的视角，可以丰富有关高等教育战略管理理论的研究。在传统的研究中，战略管理理论在私有部门展开的研究较为丰富，在公共和第三部门的研究也有一定程度的展开，但是深入到作为公共部门的高等教育系统中的微观研究还较为少见。本书的开展可以将战略管理的相关研究引向深入。

（二）实践意义

研究者认为，本书的研究意义在于其"实践研究取向"可以带来的各种实践意义。

第一，有利于高等教育管理部门总体掌握高等教育战略实施中，高等学校对外部经济发展环境的总体适应情况。一个组织，之所以要实施战略管理，最主要的目的就是使组织本身不断地、快速地、灵活地适应、应对环境中的多种变化。本书最主要的研究目的，就是把战略管理中最为核心的应对外部环境的要素提取出来。通过对高等教育对外部环境适应性的研究，了解吉林省高等教育总体对外部经济发展环境的适应情况，研究结果可以为高等教育管理部门，包括高等学校提供直接的决策参考。

第二，有利于推进高等教育管理部门的管理理念、实践范式得到转变。本书的开展，有利于国家高等教育管理部门到省级高等教育管理部门管理理念从比较注重传统的计划管理向更加现代化的宏观调控方向转变。从一定意义上来说，注重国家主义的我国高等教育管理体系中，高等教育管理部门作为一种社会公共组织，到目前为止仍然处于一种传统的行政管理范式的文化氛围之中。在这种传统管理范式中，比较注重组织系统内的短期目标以及政策影响，而对外部环境尤其是市场经济中变幻莫测的市场缺乏敏感性，从而导致管理部门在进行管理时缺乏灵活性。本书立足于建议进行自上而下的协同改革，国家级高等教育管理部门从政策方面给省级高等教育管理部门以及高等学校放权，同时加强省级政府的统筹。这样的研究思路，将为省级区域内高等教育与经济实现协调发展奠定坚实的管理学基础。

第三，有利于提升高等学校组织适应环境的意识和服务能力。由于种种原因，高等学校作为公共部门，很容易与其他的公共部门一样，自我封闭。尤其是高等学校，容易因为学术坚守等大学的理想追求而脱离社会。如果一个地区是不开放的，各种组织在封闭的环境中获得了一种低水平的稳定感，感觉不到外部的变化，没有竞争的对手，那么它就只能安于现状，维持当前的目标、任务、经营效益，缺乏对长远发展的考虑。战略管理，可以使一个具有低水平稳定感的组织主动纳入到环境变化中；可以推动高校走出封闭状态，自觉地预见未来变化趋势，将其作为各种决策的基础；可以使高校正视未来的挑战和威胁，把握重要战略机遇，确定好未来的发展方向、目标。对于高等学校这个组织来说，对外在环境的适应，本质上是满足了公众对高等教育这种公共产品和服务的新需求。因此，通过实施战略管理，发展了高等教育，实质上也是满足了公共需求。

第四，有利于促进吉林省高等教育的理性发展、健康发展。在目前的各种高等教育类的研究中，"加大高等教育的投入""加强××地区高等教育的大众化程度，实现快速发展"等政策建议已经被当作一种主流性和习惯性的政策呼声。这种加大高等教育投入的呼声，与"跑步式地进入高等教育大众化时代"的高等教育扩招合流，成就了最近十几年高等教育在总量上的爆炸式扩张。加大高等教育投入、加强高等教育扩招，在总体上对于推进社会进步的正向推动作用是不用质疑的，推进高等教育大众化的过程固然重要，但"跨越式"的实现，是以高等教育的过度发展、人才的浪费、社会高层次人口失业、社会不安定因素增加为代价的。本书的开展，可以从理论与实践层面，多方面推动吉林省高等教育自身的理性发展、健康发展。

第五，有利于为其他地区高等教育与区域协调发展提供重要的借鉴价值。从理论研究的角度来看，全国很多省份诸如北京、河南、陕西、内蒙古等与相应区域的高等教育区域经济之间的协调状态的研究都在蓬勃展开，方兴未艾。从目前学者们对各个省份高等教育与区域经济之间协调发展问题关注的程度，可以看出研究这一问题的重要性所在。本书从战略管理的视角去研究、解决问题的思路，可以为其他地区解决高等教育与区域经济协调发展的问题提供解决问题的一种思路。

第二节 研究的国内外现状述评

学界首次提出战略管理问题是 20 世纪 60 年代，美国管理学家钱德勒（Alfred Chandler）在《战略与结构》①中首先提到企业战略问题，并提出著名的SWTO分析模式（艾尔费雷德·D. 钱德勒，2002）。

学者戴维（1998）将战略管理定义为"制定、实施和评价使组织能够达到其目标的跨功能决策的科学与艺术"。戴维对战略管理和战略规划并没有区分，而是作为同义词使用。他提出，"战略管理""战略规划"是同义词，前者是学术界的称谓，后者是商界说法。尽管"战略管理"涵盖战略制定、实施和评价三个方面，但有时"战略规划"仅指战略制定。战略管理的目的是为企业的未来把握和创造新的机遇；战略规划则是为企业的明天而优化今天的发展趋势。（弗雷德·R. 戴维，2012）

斯坦纳（王昶，2010）将战略管理定义为"确定企业使命，根据企业外部环境和内部经营要素确定企业目标，保证目标正确落实并使企业使命最终得以实现的一个动态过程"。

小阿瑟·A. 汤普森和A. J. 斯特兰三世（Arthur A. Thompson Jr. and A. J. Strickland Ⅲ, 1987）将战略管理定义为：战略管理是一个过程，在这个过程中，高层管理者确定组织的长期方向，设定特别绩效目标，根据与组织相关的内外环境，制定出能达成这些目标的战略，并且卓有成效地实施这些被选定的决策方案。

纳特和巴可夫在《公共和第三部门组织的战略管理》一书中提出"战略管理处理"这样一个关键问题，即为面临着日益增加的不确定性未来的组织定位；战略管理通过产生用以指导战略行动的计划、计谋、模式、立场和观点而为一个组织创造焦点、一致性和目的（Paull C. Nutt and Robert W. Backoff, 1992）。

格里高利·G. 戴斯和G. T. 拉普金（2005）认为，战略管理是由组织为了创造和维持竞争优势而采取的分析、决策和行动构成。一个组织的战略管理包括三个持续的过程：分析、决策和行动。

我国学者王建民（2003）认为，战略管理，是在有关战略的活动中，通过一定的程序和技术争取最优效率和效果的过程。在本书中，较为认同学者刘向兵（2006）关于战略管理的定义，即战略管理是指组织为了长期的生存与发展，

---

① 钱德勒的《战略与结构》一书是现代战略管理的开山之作，这本书与3年后由安索夫著的《企业战略论》、安德鲁斯的《商业政策：原理与案例》合称战略管理3部开创性著作。

在充分分析组织外部环境和内部条件的基础上，确定和选择组织战略目标，并针对目标的落实和实现进行谋划，进而依靠组织内部能力将这种谋划和决策付诸实施，以及在实施过程中进行评估与控制的一个动态管理过程。

在战略管理进行阶段的基础上，学者们进行衍生性的扩展定义，由此产生了对高等教育战略管理的研究。关于高等教育战略管理，目前国内研究较多地具体到高等学校的战略管理。比如学者周汉林（1999）认为，所谓高校战略管理是高校为实现一定目标而进行有关学校发展的重大的全局性的谋略和策划过程。

方银汇（2006）认为，高校战略管理则是指高校的办学者或最高管理者从学校的整体、长远利益出发，在充分分析学校外部环境、内部条件等各种信息的基础上，根据学校的现状确定学校的总体目标和发展方向，并组织学校内外人财物等资源实施和控制，以实现学校总目标的决策和规划过程。

张泽麟（2003）认为，高等学校战略管理是指高校在国家宏观高等教育政策与法规的指导下，以国家和所在地区的国民经济和社会发展为背景，针对学校自身的历史、现状和发展目标，对教育教学活动通过制定和实施发展战略规划所实现的总体性管理，包括战略规划与战略实施两个阶段。

唐蓉（2004）认为，高等学校战略管理，是高等学校管理者为谋求高等学校的可持续发展，在对高等学校内部条件和外部环境进行系统分析的基础上，由管理者与被管理者共同制定高等学校战略管理目标，拟定、优选战略管理的方案，并组织实施和控制的动态过程。在本书中，不使用高等学校战略管理的概念，而代之以高等教育战略管理的概念，但高等教育战略管理的概念界定，是以高等学校战略管理为基础扩充、丰富、发展而来的。我们认为高等教育战略管理，就是一定区域内所有的高等学校所组成的整体，为谋求高等学校的可持续发展，主动适应外部环境变化，而进行有关学校发展的重大的全局性的动态性的谋略、策划和实施的过程。

高等教育的战略管理，在其核心本质上，反映出了如下几个主要特点：

"不仅仅是关注组织所面临的不断变动的内外部环境因素，进行环境分析和制定前瞻性的发展规划，而且更注重组织与环境之间的互动以及对外界环境变化的积极主动反应而不仅仅是被动适应；强调战略管理而淡化对定量技术本身的关注；它不是静态的、一次性的管理，而是一个全面的、动态的管理过程，不仅包括战略制定，而且包括战略实施、战略监控和战略评估；战略制定的过程不仅是组织高层的事，而且重视全员参与；制定战略重要，产生战略结果同样重要，思考和行动不能分开，战略制定不能从战略实施中分离出来。"（张秋立，2008）在本书中，将高等教育战略管理理解成为一种更加注重组织与环境之间的互动以及对外部环境变化的积极主动的适应，是一个动态的、全面的管理过程，是一个包括战略实施和战略监控、战略评估的过程，更重视全员参与，同时重视战略实施所产生的结果。

一、高等教育战略管理的研究

哈克·雷沃尔特等（2003）从教育经济与管理的角度，论述了规划在学校经营管理活动中的重要性所在。

霍斯默（1978）形成了较为系统的战略管理的学术管理思想，他较为完整地提出了将战略规划应用于高等教育范畴的理论。在他的理论体系中，霍斯默提出，大学要清楚了解自己的发展历史，了解周围的社会环境，要知道自己的结构以及项目的侧重点，要加强自己内部各个项目之间的关联度。

布赖森（1995）对战略管理从私人性的企业管理部门向公共性的非营利组织的转移趋势进行了研究。

20世纪80年代末90年代初，在一些发达国家中，高等教育发展所面临的环境越来越复杂，充满了各种不确定性，而且很多突变和意外事情时有发生。尤其在比较严重的财政紧缩形势下，包括高等教育在内的多种公共和非营利组织不得不使用战略的方式去保证生存，度过混乱与危机。高等教育体系中，大学的自主权在不断扩大，但是生源竞争激烈、资源竞争激烈，因此战略管理逐渐被提上了研究与实践的日程。以美国学者乔治·凯勒（2005）为标志的研究与实践，可以成为这种研究趋势与潮流的一个代表与里程碑。他对美国的大学实施战略管理变革的环境、要素、学术战略的制定等问题进行了非常具体的分析。

英国学者 Margaret Preedy 等（2003）收集了许多位作者有关大学战略管理的论文。这些论文从领导者在实施战略管理过程中遇到的问题、外部环境等多角度对大学的战略管理进行了探讨。

（一）国内关于高等教育战略管理的研究

我国有关高等教育战略管理的研究起源于 20 世纪 80 年代。刚刚兴起之时，战略管理的研究主要基于国家的层面，国家在制定发展规划时研究如何对大学进行宏观性的管理。

到了 20 世纪 90 年代末期，战略管理随着《高等教育法》的颁布与实施、大学合并等多种特定时代的问题涌现，战略管理的研究开始由国家的层面落到大学的层面。战略管理作为大学所应该拥有的责任与价值被逐渐意识到。研究的重点主要集中在大学战略管理的特点、基本内容与基本方法等多个方面。

总体来看，国内的相关研究，系统研究高等教育战略管理全过程的文献非常少，到目前为止大部分研究都是集中于高校的层面。梁焱、孙浩（1997）以及刘向兵、李立国（2006）的研究是相对较为系统、成体系的。近几年来，逐渐出现了博士研究生开始关注高等教育战略管理领域，也有少数的硕士研究生在关注这一研究领域。相关的研究论文有 50 篇左右，数量不多。

第一，高等教育战略管理研究的必要性及意义的研究。1999 年 1 月 1 日，《高等教育法》正式开始实施。伴随着高教法的正式颁布实施，很多学者立即非常敏锐地捕捉到了在高等教育领域研究高等教育战略管理的必要性，比如周汉林（1999）提出："高校面向市场的选择自由度加大，即按颁布的高教法精神，高校拥有更大的办学自主权，要求学校更直接、更大范围地面向市场，再加上高校内部管理的复杂性，像企业需要企业战略管理一样，高校也需要实施高校战略管理。"

关于高等教育领域中实施战略管理的意义，学者们更多的是从高等学校外部、内部两个方面予以阐释的。从外部角度来说，实施高等教育战略管理，有利于贯彻、实施好高等教育法。如周汉林（1999）认为，这部高教法最显著的特征是对高校办学自主主权做了明确的规定，对于一个高校来讲，如果不制定出自己的发展规划，没有自己一个办学全局性的战略目标，不做好学校的正确定位，不采取重大战略对策，面对高教法所赋予的这些具体自主权，可能会束手无策；不但不能使学校顺利发展并在市场经济的大潮中处于不败之地，甚至会导致学校的正常维持都不可能。

很多学者也从高等学校内部发展的角度来认识实施战略管理的重要意义。唐蓉（2004）认为，战略管理过程要从大学所处的战略环境的变化及自身条件入手去揭示我国大学所存在的战略问题。

肖吴（2004）对教育领域以及高等教育领域实施战略管理所具有的意义进行了研究，认为："它有利于一个社会组织或活动更从容更有效地应对不可预料的机遇和挑战，更充分地认识基本的生存环境，更及时地调整适应各种变化的能力，更合理地整合各种影响和作用以便自身发挥更大的功能，更高度地统一意志、统一思想、统一行动，更充分地获得满足全体成员自我抉择需要的信息。"李美亭（2006）直接提出，实施战略管理的根本目的，就是使高等教育在变化的环境中能够获得稳定持续的发展，不是在环境中被动地求生存，而是在现有条件下积极创造未来，以保持永久的生命力……加强战略管理，能够更充分地调动高校管理人员的主观能动性和创造性，更准确、更及时地预测外部环境的变化，而不是引领社会需求被动地适应社会需求。

周巧玲、赵文华（2006）对大学战略规划在英国高等教育管理中的作用和影响进行了研究，发现战略规划在高等教育管理中主要发挥四个方面的作用，如在政府的高等教育宏观管理中发挥信息收集与政策导向功能，等等。

第二，高等教育战略管理的内涵研究。有的学者将战略管理与战略规划混用，但是实际上两者是存在着本质区别的。陈振明（2004）认为，战略管理对战略规划的替代是一种管理模式或框架的更新，是战略计划发展上新的里程碑。因此，在高等教育领域，战略管理同样不同于战略规划，是对战略规划的一种替代和创新、超越。

孙长青、张秋立（2009）认为，高等教育战略管理较之战略规划，不仅是关注组织所面临的不断变动的内外部环境因素，进行环境分析和制定前瞻性的发展规划，而且更注重组织与环境之间的互动以及对外界环境变化的积极主动反应，而不仅仅是被动适应；强调战略管理而淡化对定量技术本身的关注；它不是静态的、一次性的管理，而是一个全面的、动态的管理过程，不仅包括战略制定，而且包括战略实施、战略监控和战略评估；战略制定的过程不仅是组织高层的事，而且重视全员参与；制定战略重要，产生战略结果同样重要，思考和行动不能分开，战略制定不能从战略实施中分离出来。

谭斌（2006）认为，高等学校战略管理是指高等学校的高层管理者通过组织学校相关人员研究并确定学校的目标和使命，根据学校自身所处的外部环境和内部条件设定学校的战略目标，为保证战略目标的正确落实和实现进行谋划，并依靠学校内部的资源和能力将这种谋划和决策付诸实施，以及在实施过程中进行控制的动态管理过程。

贾少华（2005）对民办大学的战略管理进行了概念的界定与解释，认为民办大学的高层管理者为了学校的长期生存和发展，在充分分析学校外部环境和内部条件的基础上，确定和选择达到目标的有效战略，将战略付诸实施并对战略实施的过程进行控制和评价的一个动态管理过程。

关于高等教育战略管理的内涵主要包括哪些方面，国内学者的认识也不尽相同。概而言之，主要提出了三要素说、四要素说、五要素说。

三要素说。有的学者认为，大学的战略管理，其内容或者阶段主要包括三要素。如胡鹏山（1997）指出，大学战略管理的内容包括战略指导思想、战略规划、政策三大部分；熊川武（1997）认为，大学战略管理模型由战略分析、战略选择、战略实施三个要素组成。张泽麟（2003）指出，战略管理的过程包括战略分析、使命与目标陈述、战略选择与规划制定三个阶段。

四要素说。有的学者则认为，大学的战略管理，其内容或者阶段主要包括四个要素。学者周汉林（1999）认为，高校战略管理是高校为实现一定目标而进行有关学校发展的重大的全局性的谋略和策划过程。其内容一般包括战略决策、战略实施、战略控制和战略修正四大方面。唐蓉（2004）则认为，大学的战略管理过程包括战略分析、战略选择、战略实施、战略控制四个部分。

五要素说。如有的学者认为，大学的战略管理，其内容或阶段包括五个方面。吴鹏（2008）认为，大学的战略管理过程包括使命陈述、环境分析、战略定位、战略选择、文本表达五个方面。

第三，高等教育战略管理实施中的问题与对策研究。娄金海（2005）以扬州大学为例进行了个案研究，主要研究了大学在战略管理中应该注意的几个问题。在对问题进行阐述的时候，娄金海主要阐述了以特色培育大学的核心竞争力、实施战略性人力资源管理、面向建立现代大学制度积极开展制度创新、结合建设现代大学的理念开展内部管理流程再造四个方面的问题；就这些主要的问题进行重要性阐述、概念阐述等理论方面的研究，也就如何进行这些问题进行了探讨。

张泽麟（2003）对大学战略管理的阶段以及战略实施应该注意的问题进行了研究。他认为，对于我国的大学来说，要有效地进行战略管理，主要应注意以下几个方面的问题：第一，注重体现特色；第二，注重形象管理；第三，注重以质取胜；第四，注重优势与集成发展；第五，注重人才资源开发；第六，注重市场推广。

唐蓉（2004）提出了不同的对策，即主要是增强大学战略管理的科学化，主要包括要增强战略管理意识、要完善大学组织结构、要加强校园组织文化建设、要加强信息支持系统的建设。

余峰（1999）认为，大学实施发展战略管理，要正确处理好三对关系，即借鉴经验与自身实际的关系、学校发展战略与国家及社会宏观发展战略的关系、管理者指导推动与全员参与的关系。

刘根东（2005）的研究视野更加开阔。他在研究了国际上知名的麻省理工、卡内基梅隆大学、斯坦福大学，以及我国的青岛大学之后，提出了有效实施战略管理的几个对策：第一，注重战略思维，建立大学理想观；第二，准确定位大学发展目标；第三，科学制定战略规划；第四，有效配置资源；第五，构建大学组织机构；第六，引入绩效理念，实施战略评估。

周巧玲（2007）进行了大学战略管理研究。华东师范大学周巧玲博士通过比较研究的方法，考察了西方国家大学运用战略管理工具的原因、效果，及其对我国的启示。研究中通过分析西方大学战略管理影响因素，这些战略管理实践的可转移特点在中国的可行性。同时，提出从整个大学战略管理的动力机制看来，必须在大学的理想与高等教育之间实现合作。大学在追求其核心价值的同时，要平衡社会经济发展。同时，还探讨了大学战略管理的制定、实施、评估与监控，以及内部调适的机制。

第四，民办高等教育战略管理研究。高等教育战略管理的研究向民办高等教育领域渗透与延伸，似乎是 21 世纪以来的一个发展方向。因为民办高等教育与公办高等教育相比，有更大的灵活性、更大的自主权，需要更加直接地面向市场。因此，在民办高等教育领域，高等教育战略管理有更大的施展空间。

彭晶（2006）研究了民办高等教育中政府的战略管理问题。通过研究发现，政府传统的计划行政管理手段遏制了民办高等教育的发展，政府必须运用战略管理的思维去管理民办高等教育，促进民办高等教育良性发展。

（二）关于高等教育战略管理的研究述评

第一，尚未形成高等教育战略管理理论体系。概念应用尚不成熟。高等教育战略规划（Strategic Planning）与高等教育战略管理（Strategic Management）实际上不是一个问题。但是就目前的研究来看，最基本的研究概念都尚未在我国的研究中达成共识。

没有形成成熟的高等教育战略管理理论体系。总体来看，无论是国内还是国外，进行高等教育战略管理的研究的总体历史都不是很长。到目前为止虽然开展了一些研究，但是大部分研究都从战略规划的角度谈高等教育战略管理，所研究的内容仅限于战略的内涵、流程、现状、对策等方面。研究内容粗浅，尚未形成成熟的理论体系。一个非常明显的表现就是缺乏高水平研究著作的出版，学者梁焱的《现代大学的战略管理》《学校战略管理》《高等学校战略管理》算是比较专业的三部，是初步探讨现代大学战略管理的基本理论和方法的书。关于高等教育战略管理的专业化书籍较为少见。

尤其是国内研究，容易出现偷换概念的问题。国内很多有关高等学校战略管理的研究，大部分的研究重点放在了如何制定战略规划方面。有部分文献说是研究战略管理，内容却是战略规划，对战略管理与战略规划缺乏区分。这就造成了题目是战略管理，内容是战略规划研究的现实问题。这也就是说，我们当前国内的研究，对高等教育管理的本质的研究尚不透彻，仍然处于一个由战略规划研究向战略管理研究过渡的阶段。研究内容目前没有大的突破，主要集中于高等学校的战略规划、定位、核心竞争力、基本理论、别国的大学战略管理实践与案例等方面，浮于表面，比较零散。

第二，研究领域大多集中于高等学校战略管理的微观层面。在国内，有关高等教育战略管理的研究，大部分是限于微观层面的研究，将国家、区域、院校三个层面统合起来进行研究的几乎没有。限于微观层面的有关战略管理的研究，只能称为高等学校战略管理研究、大学战略管理研究，不能称之为高等教育战略管理研究。如同学者张秋立所说，只有把国家、区域、院校三个层次的战略管理研究结合起来才是完整的高等教育战略管理研究（张秋立，2007）。目前很多研究范式，还是把企业战略管理中的很多内容移植、嫁接到大学管理领域，对我国基于特定省份的全方位的调查分析、现状分析也较少见到。

二、高等教育与省际区域经济协调发展的研究

要研究吉林省高等教育战略管理实施过程中，高等教育发展对周围社会经济发展环境的适应情况，就必须对两者的协调关系进行研究。

关于高等教育与区域经济之间的关系研究我国仍然处于刚刚开始的阶段，更多的是集中在整个国家背景之下，与省际区域之间的研究开始逐渐呈现繁荣之势。关于此方面的研究，在 2000 年之后开始逐渐增多。尤其以发达地区、省份为中心开始慢慢展开。截至目前，西部地区（博士论文）、黑龙江（博士论文）、江苏（博士论文）、长三角地区（硕士论文）、北京（硕士论文）、河北（硕士论文）、吉林（硕士论文）、内蒙古（硕士论文）、天津（期刊）、浙江（期刊）、广东（期刊）、广西（期刊）、河南（期刊）、福建（期刊）、甘肃（期刊）、江西（期刊）、陕西（期刊）、泛东北区域（期刊），累计 15 个省份、地区及直辖市，两个地域都有涉及高等教育与省际区域之间的协调关系研究。

（一）关于高等教育与区域经济协调发展涉及的研究方法研究

从实证方法研究的角度来看，学者们主要采用了投入产出法、模糊积分法、因子分析法、主成分分析法、聚类分析法等系列统计、计量的方法进行实证研究。

范明（2003）利用投入产出法等对江苏省的高等教育与经济之间的关系进行了研究。

孙希波（2006）利用模糊积分的方法，对黑龙江省高等教育与经济之间的协调关系进行了研究。论文探讨了高等教育与经济发展协调度的评价，在探讨过程中对评价的基本要求、过程、意义等进行了全面挖掘；重点研究了黑龙江省高等教育与经济关系探讨的非线性动态经济系统最优增长模型的建立与最优增长轨道的求解。

张文耀（2013）通过构建计量模型对二者之间的协调关系进行了实证分析。张文耀的主要研究贡献在于构建了高等教育与经济发展水平的实证研究指标表，依据指标体系采用因子分析的方法进行了实证研究。

迟景明、李奇峰和何声升（2019）采用 TOPSIS 方法测度了我国高等教育资

源水平,在分析我国高等教育资源水平区域发展差异的基础上,实证考察了我国高等教育与区域经济发展协调性的地区差异。

曲涛、王雪梅和陈婷婷(2019)对海南省高等教育与区域经济发展的耦合度进行 DEA 模型实证分析,发现海南省高等教育与区域经济的耦合度长期处于低度协调状态。

(二)关于协调关系现状的研究

关于不同区域内高等教育与区域经济协调的现状研究,研究的重点主要包括两个方面:第一,基于较大区域内的高等教育与区域经济协调的现状研究,比如长三角地区、西部地区,等等。第二,基于单个独立省份区域内高等教育与所在省份区域内高等教育与区域经济协调现状的研究。但是,无论是多大范围内的两者协调关系研究,大部分学者的研究都得出了我国各层面区域内高等教育与区域经济协调度并不理想,即存在不同程度失调的现状。

郑鸣和朱怀镇(2007)对从全国 31 个省份高等教育与所在地区经济增长之间的关系角度进行了研究,对 1999~2005 年 31 个省份的高等教育与区域经济增长之间的关系进行了实证研究,发现从 1999 年扩招以来,有一半以上地区的高等教育,不仅没有对经济增长做出正向贡献,却对所在地区经济发展起到了相反的阻碍作用。这一时期内,高等学校过分注重量的扩张,而忽视了内涵的发展。

然而有部分学者则从较大的区域划分的角度,比如说泛东北地区、长三角地区、华南三省、西部地区、十大城市群等地理区域范围内进行了二者协调关系的研究。比如方鹏、高耀和顾剑秀(2013)构建了综合评价指标体系,采用了聚类分析、因子分析、相关分析等方法,对长三角的城市群区域中高等教育与区域经济发展水平之间的关系进行了实证研究。张艳等(2010)对泛东北地区高等教育与区域经济之间的协调关系进行了研究,研究发现,泛东北地区高等教育为区域经济发展服务过程中有着各种不协调问题的存在,比如,高等教育资金投入不足制约了高等教育质量提高;高等教育大而不强尤其表现为研究型大学数量非常有限;高等职业院校结构与区域经济结构不协调等诸多方面的问题。高耀、纪燕和方鹏(2013)对我国的十大城市群高等教育与区域经济之间的协调关系进行了研究,通过研究发现,十大城市群中高等教育对区域经济发展的贡献非常大,但是随着时间的逐渐推移，贡献在逐渐缩小，"十五""十一五"期间，十大城市群高等教育与区域经济的协调度在逐渐降低。

另有部分学者对单个省份的高等教育与区域经济之间的协调关系进行了研究。比如李明和郜镇滨（2013）研究了福建省高等教育、区域经济增长之间的关系，发现存在六个方面的问题：地区产业结构升级缓慢、教育资金短缺制约产学研结合、高校分布与地区经济增长契合度低、高校学科和专业设置不合理、高层次人才拥有量较少、高校合并加大管理摩擦。秦洁和修晨（2009）研究了河南省高等教育、区域经济发展之间的协调关系，得到了两者基本协调发展，但是省内各地市高等教育发展存在较大差异的结论。孙希波（2006）对黑龙江省高等教育与区域经济发展的协调度进行了测度，得出了黑龙江省高等教育与经济发展协调度为0.58，属于低水平协调。申树斌（2019）研究表明，由于各省初始禀赋不同，东北地区高等教育发展与经济增长关系的变迁呈现显著的省际差异。李荣和孟正侁（2020）将我国近三十个城市当成实验对象，对这三十多个城市的教育和区域性经济发展情况进行研究探索，将协调性出现的问题分化成低、初、中、高、严重五种依次递增程度。

与上述的研究结果不同，有的学者通过定性或者定量的研究，得出了某一区域高等教育与区域经济之间存在着较好的协调关系。比如王敬华和郑卫华（2008）对我国天津市的高等教育与区域经济之间关系进行了定性与定量的研究，得出了天津市高等教育与经济基本均衡的结果。

（三）关于具体对策的研究

关于高等教育与区域经济发展之间所存在的失调问题究竟如何解决，虽然研究者们所针对的研究地域范围是不同的，有大有小，但是给出的对策解决基本上基于从政府、高等学校、企业几个主体的努力去解决现实问题。

张艳等（2010）从政府应该有所作为的角度提出了解决失调问题的对策，提出高等教育与区域经济协调发展，需要政府加强引导与政策扶持。王树松（2019）重点研究了黑龙江各城市高等教育规模与区域经济发展的协调关系，研究发现，截至2016年，黑龙江省各城市的高等教育规模与区域经济总体呈现协调发展，但仍有两个地级城市处于低协调状态。方泽强和欧颖（2016）研究提出，处理高等教育区域协调发展，需要政府坚持用"两点论""发展论""统筹论"的哲学方法论,发挥主观能动性,并结合具体情境做出理性决策。

更多的学者是从加强高等学校自身建设的角度提出解决问题的对策。比如孙希波(2006)就提出,解决两者协调关系中失调的问题,主要的是从深化高等教育投资体制的改革入手,要尝试合理利用增量资产,盘活现有的存量资产,同时,加强高校无形资产、固定资产的管理工作。高耀、纪燕和方鹏(2013)则提出要解决失调的问题,最为关键的是要注意转变办学理念、培养实用人才。即使是城市群高等教育与区域经济协调这样大范围内的解决协调问题,首要的还是将"高等教育发展观念从'数量外延扩张'转变为'质量内涵提升'"。方鹏、高耀和顾剑秀(2013)从建立高等教育治理结构的角度提出了政策建议,提出高校要从搭建平台以实现高等教育资源共享共赢,构建"四轮驱动"的高等教育治理结构,错位发展以实现高等教育与经济发展的新跨越。然而张振助(2003)则从更大发挥高等学校带动作用的角度提出了解决问题的对策,主要包括衍生知识型企业、设立大学科技园,发展合作办学,地区制定符合分类发展政策等方面。王素君、吕文浩和王晴(2019)研究得出,推进地方高校高质量发展必须实现与区域经济社会发展战略相协调,与地方政府的宏观调控能力相协调,与区域经济产业布局相协调,与区域经济的人才需求相协调。郭健和顾岩峰(2020)通过分析我国区域高等教育发展结构性矛盾产生的主要肇因,客观借鉴美国区域高等教育协同发展经验,提出了先试先行"雄安新区高等教育协同发展"制度设计,为促进解决我国区域高等教育长期存在的问题、助力区域创新驱动发展战略提供参考。

也有学者从政府、高校、企业三者整合互动的角度提出解决失调问题的对策。比如徐文俊和刘志民(2011)从政府、高校、企业三者相互配合、联动协调的角度提出了对策,认为政府应发挥其宏观调控职能,为高等教育与区域经济互动提供环境保障;高校应主动出击,发挥高等教育与区域经济互动的主导作用;企业应积极配合,促使高等教育与区域经济良性互动机制的形成。张英花和李星云(2019)研究指出,在经济新常态下,要多渠道筹集资金,加大对高等教育投入;高度重视高等教育与区域经济协调发展之间的关系;优化高校专业结构设置,适应区域产业结构调整;提高高等教育质量,推进高等教育资源的优化配置。闫华清和吴芳(2020)通过分析"海丝"背景下福建区域经济与高等教育发展现状,得知当前福建省高等教育与区域经济协同发展面临的问题。要解决这些问题，就必须构建高校与区域经济深度融合机制，优化资源配置、促进高教均衡发展，强化产学研合作、加快高校成果转化，推进闽台高教合作、实现资源优势互补。该研究的贡献在于这些建议为福建全面推进福建自贸试验区、21世纪海上丝绸之路核心区的建设，提供了强有力的智力支持与服务。

（四）研究现状评述

从上述的研究综述中进行归类我们可以发现，关于高等教育与区域经济之间协调关系的研究，基本上具有以下几个方面的特点：

第一，定性分析就事论事，定量分析缺乏理论深度，缺乏两者结合的研究。专门从事教育学研究的学者，在研究高等教育与区域经济之间的关系所做的大部分都是定性的分析研究。这些分析研究大多擅长理论思辨，但是缺少实际的研究证据。然而进行实证性研究的学者，则一般更多地进行实证性数据分析。研究的思路基本都是进行建模，然后根据模型去分析数据，得出结论。这种实证研究，缺乏较为坚实的理论基础。单纯的实证分析与单纯的理论四边分析，都显示出了各自的研究不足。

第二，立足战略管理理论展开研究的较为少见。高等教育与省级区域之间的协调关系最近十年左右的时间里开始有较多研究，是研究的热点之一；然而有关战略管理与高等教育之间的关系最近几年也呈现出了蓬勃研究之势，逐渐成为研究的热点之一。但是，立足战略管理理论去研究高等教育与区域经济之间如何实现协同发展，从而实现有序协调的问题，相关研究到目前为止还没有见到。

总体来看，战略管理理论产生于20世纪50年代，60年代逐渐在企业中开始实践，70年代开始逐渐在美国被应用于大学的管理实践。对高等学校战略管理的研究，到目前为止，正在如火如荼地展开。研究内容涉及有效实施条件、战略规划的选择、实施对策、实施的有效控制、战略管理理论、战略管理的推进的方式方法、战略管理推进的模式、战略管理推进过程中的问题及解决对策等很多方面。虽然研究已经开始深入到高校管理非常微观具体的层面，但是从战略管理的视角进行高等教育与经济之间关系的研究到目前尚未见到。这也为本书的开展提供了很大的必要性以及比较广阔的研究空间。

第三，关系吉林省的高层次研究较为少见。具体到吉林省，涉及吉林省高等教育与区域经济之间协调度的研究就很少，到目前只有一篇硕士论文研究到了吉林省高等教育与区域经济的非协调发展的问题，而且研究方法较为简单，基本上限于简单的实证研究，总体上缺乏理论深度。对于解决吉林省高等教育与区域经济协调的问题，缺乏必要的理论基础，也就是缺乏必要的可信度。对于提出的相应对策，如提高科研成果转化为生产力的能力、创造高等教育和经济互动的良好政策环境、加强对人才的资助和重视从而确保避免本省培养人才的流失等，对于解决问题的可操作性不强，基本上没有抓住最为核心的问题，尤其缺乏对政府、高校两个主体到底要如何操作、变革的深入说明。

除了上述的这一篇专门针对吉林省的研究之外，包括期刊类在内的研究成果都没有。因此，为了从根本上解决吉林省高等教育与区域经济发展之间所存在的失调问题，开展本书的研究具有重要的意义和价值。

第三节　研究的思路、内容和方法

一、研究的思路

本书核心部分框架设计分为三个层次：基础理论部分、实证研究部分、对策建议部分（见图1-1）。

第一，基础理论部分。在绪论中将着重介绍本书的背景、目的、意义、框架、内容体系、核心概念界定；基础理论部分从战略管理理论、协同发展理论等角度构建本书的核心研究框架。第二，实证研究部分，从协调所表现出的结构、效率、效益以及高等教育与区域经济整体的协调性四个方面，运用不同的方式方法探索吉林省高等教育发展与区域经济发展之间的客观协同现状，发现问题，挖掘相应的影响因素。第三，对策研究部分，从战略管理所应该遵循的思路、途径入手，对前面的理论分析、实证研究的结果进行总结，提出具有现实性、操作性、可行性的改进对策和建议。

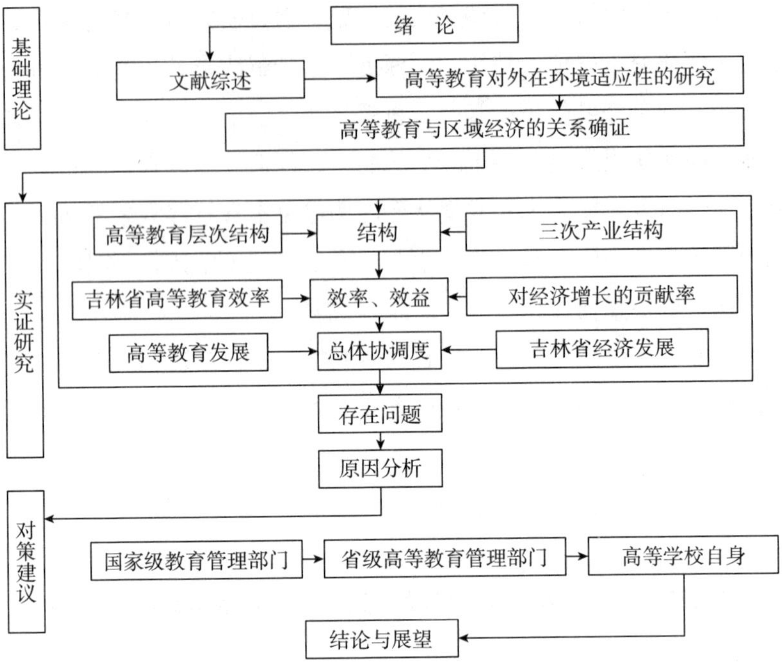

图1-1　本书的框架体系

二、研究的内容

如弗雷德·R.戴维所言，战略管理是基于这样一种信念：组织应该持续地检测内外部各种事件和趋势，以便在必要时及时做出调整。因为影响组织的各种因素其变化的速率和大小都在日益显著。对战略管理的实施而言，首先进行外部环境的分析与评估也是第一步骤。因此，本书的主体内容，就围绕着高等教育战略管理所要进行的外部环境分析与评估展开，对战略管理的这一环做研究展开。具体来说，本书的内容安排如下：

第一章为绪论，对研究的背景与问题、研究的目的与意义、研究的框架与内容、研究的思路与方法、研究的创新之处等基础性问题进行了前提性的梳理与设计。同时，对高等教育战略的已有研究、高等教育与区域经济协调发展已有的研究成果进行综述。

第二章为高等教育与区域经济协调发展的理论基础。①对高等教育、区域经济等概念范畴做出界定划分；②对协调、协调发展等核心概念做出界定；③对协调发展的战略管理理论前提，即对战略管理的核心要素——强调组织对外部环境的灵活适应进行研究；④对高等教育与区域经济之间是否存在客观性的联结机制进行研究；⑤对实现高等教育与区域经济协调发展所现有的路径进行归类划分。

第三章为吉林省高等教育结构与产业结构的适配性。拟采用典型相关法来测度和分析两者的匹配程度、变化趋势，分析高等教育层次结构与三次产业结构之间的相关性。

第四章为吉林省高等教育的效率及对经济增长的贡献率。拟应用柯布—道格拉斯生产函数，分步采用多元线形回归模型和随机效应模型，计算和分析吉林省高等教育（就业人员）对经济增长的贡献。

第五章为吉林省高等教育与区域经济发展的整体协调性。从全国比较的视角，使用因子分析的方法分析吉林省高等教育与区域经济协调在全国的水平与地位；同时，从吉林省历史发展的角度，对吉林省高等教育发展与经济发展之间进行历史发展性的匹配性分析。

第六章为低水平适应的影响因素分析。本章节将承续实证部分的研究结论，对吉林省高等教育规模发展空间较大但尚需解决好结构不合理、效率不高、整体低水平协调等问题面临的外部障碍进行分析。拟从国家级高等教育管理部门的管理导向、省级高等教育管理部门、高等学校自身三个方面展开分析。

第七章为高等教育更好适应区域经济发展的有效策略。本章节中，从外部环境挑战、障碍解决的角度，对如何更好、更有效地支持吉林省高等教育体系实现战略管理，从国家、省、高等学校三个方面提出对策建议。

第八章为吉林省高等教育与区域经济的适应性研究小结。基于上述理论研究、实证研究、对策研究，本章节首先对研究结论进行总结，提出本书的局限，对未来后续的研究进行展望。

三、研究的方法

本书主要以教育经济学、管理学等相关学科理论为基础依据，研究中注重做到宏观研究方法论上的两个"相结合"，即"演绎推理与归纳推理相结合""实证研究、规范分析的定量研究与定性研究相结合"。研究方法上尽量做到以下几个方面的结合：

第一，理论研究与实践研究相结合。在本书的研究中，贯彻始终的是理论联系实际，不空谈纯粹的方法、理论，不单纯进行假设性研究，同时，也不单纯地进行实证性研究，而是把理论研究作为实证研究的基石，把实证研究作为理论研究的一种实践注释。研究过程尽量做到以理论为指导，以实证实践为基础，通过实践检验发展理论，通过理论研究进一步推动发展实践。

第二，定量分析与定性分析相结合。任何事物都是质与量的统一体，因此，本书尽量做到定性分析与定量分析相结合。对于教育经济学研究领域的研究问题而言，本书在定性分析方面追求做到用科学的抽象方法来定高等教育与经济关系的质的规定性、问题、原因、对策等问题；用计量的方法来确定高等教育与经济发展水平之间的关系的量的规定性，为定性分析打下基础。因为定性分析是基础，通过扎实的定性分析，有效揭示出高等教育与经济发展之间的关系，才能确定好定量分析的框架。关于定性研究方法的应用，比如运用质化研究法。在实证研究之后，实证研究所得出的结论主要是为了支持后期的研究即探寻产生两者关系失调的原因与影响因素，从而提出有效对策。在原因探寻以及对策的部分，要引入质化分析尤其是访谈的方式，从不同组织的内部人员身上捕捉产生失调的原因，从而为提出有效的、可操作性的、实践性较强的对策打下坚实基础。

定量分析则是定性分析的进一步的精确化，有了定量的分析，可以解决很多定性带来的主观性问题，使得定性分析更加准确、更加有说服力、更加有应用价值。对于定量分析的应用，主要在高等教育的效率、高等教育对经济发展的贡献率、高等教育结构与经济结构的匹配性、高等教育与区域经济的整体协调性方面应用不同的方法展开。对吉林省高等教育与经济发展水平之间的协调关系进行全国范围内的定位、排位研究时，还涉及了比较研究法，对具有可比性的研究对象之间的共性和差异性进行了横向的比较分析。同时，在吉林省高等教育与经济发展水平之间的历时态的同一标准不同历史时期协调发展程度进行了纵向比较分析。

第三，静态分析与动态分析相结合。本书利用 2006 年、2011 年的横截面数据，来分析吉林省高等教育与经济发展水平之间的协调系数在全国 31 个省份的水平排位进行静态分析。同时，又不仅仅局限于静态分析，力求做到静态分析与动态分析相结合。本书主要采用动态分析的方法，对 1997～2011 年的连续数据进行分析，对高等教育现象与经济现象之间的相互关系变化进行探索性分析，通过教育经济现象数量、质量的变化趋向去寻找变化的规律。在本书中，静态分析与动态分析互为前提、相互补充。

第四，宏观分析与微观分析相结合。本书在问题与对策的角度更多的是宏观分析与微观分析相结合。宏观分析，即跳出教育问题看教育，从整个社会、国家的范围内审视教育与经济之间的关系问题；微观分析是对所研究的单个事物或事物内部进行的分析。特别是在本书的对策研究中，不是单纯的就事论事，就问题说问题，而是要从整体社会未来发展趋势的宏观角度"定调子"，再从微观的具体经验做法角度给出具体的对策。

在具体的方法应用上，还将涉及主成分分析法、因子分析法、比较法、质化研究法等研究方法。

四、研究的创新之处

第一，研究具有系统性、全面性。以往高等教育对区域经济的适应性方面的研究较为片面、零散、维度单一，研究的角度或者是结构适应，或者是效率，或者是贡献率，或者是协调性。本书从结构、效益与贡献率、整体协调性三个方面进行了系统性、全面性的研究。这种系统、全面的研究可以更接近客观地了解一个区域高等教育对区域经济的适应性现状。

第二，两者的整体协调性研究有创新。以往的研究，研究某一区域内高等教育与区域经济协调性，往往仅限于某一地区内部。然而本书将研究的视野放大到了整个国家 31 个省份比较的范围。通过大范围的比较，把吉林省的高等教育与区域经济协调度放到一个更大的背景中去考量，综合确定吉林省高等教育与区域经济之间的协调类型、协调水平。同时，又对吉林省高等教育对经济增长的贡献率进行了测算，佐证吉林省的高等教育即使已经适当超前于经济发展，是否还有需要调整、提升的空间，以更好地适应经济的发展、服务于经济的发展，甚至是引领带动经济的发展。

第三，提出的相应对策有创新。本书根据战略管理理论，提出了针对提升空间较大、主动性较强的高等教育体系而言，要采纳国家改进评价机制、省级高等教育管理部门要做好统筹兼顾、高等学校充分用好办学自主权的对策建议。这样的对策建议，可以从一个更加系统的角度，解决吉林省高等教育与区域经济协同发展的问题。

第二章
高等教育与区域经济协调
发展的理论基础

第一节 研究范围

一、高等教育范围的限定

关于高等教育的界定，国内外的研究多从强调高等教育的入学条件、高等教育的专业教育特性、高等教育的学术性等角度入手。《实用教育大辞典》中对高等教育的定义是从较为普遍的高等教育入学条件即要有中等教育的基础的角度进行界定的：高等教育是建立在中等教育基础上的各种专业教育。按程度一般分专修科、本科和研究生。教学的组织形式有全日制的和业余的、面授的和非面授的、学校形式的和非学校形式的，等等（王焕勋，1995）。

联合国教科文组织同样也是从完成中等教育以及学历学位的角度对高等教育作了界定：高等教育是指大学、文学院、理工学院和师范学院等机构所提供的各种类型的教育而言，其基本入学条件为完全中等教育，一般入学年龄为18岁，学完课程后授予学位、文凭或证书，作为完成高等教育学业的证明（杨德广，1991）。

在本书中，我们将高等教育限定为全日制高等教育，是专科以上的高等教育，是普通高等教育。如有特殊需要说明的地方，会作出相应的标示进行说明。

高等教育的范畴有狭义和广义之分。本书所指的高等教育仅仅指狭义的高等教育，即不是广义所说的高中后教育，不包括非学历教育，不包括短期、成人高等教育，仅仅指普通高等教育。

二、区域经济范围的限定

区域经济是本书中的另一个重要概念。关于区域经济的认识，有广义和狭义之分。广义与狭义的主要区分在于对区域经济所限定的地域范围大小。从广义上来看，区域经济所限定的地域范围较大，有地区经济的含义，即可以用来表示国家或者某个地域之内的经济活动，甚至可将地域扩大到国际经济研究中的一个国家的经济，乃至多个国家组成的经济圈、经济共同体。

然而狭义的区域经济，其所限定的地域范围则更小。通常是指一个国家内大小不等的地区经济。因此，在本书中，将区域经济限定为狭义的区域经济，特指某一特定区域内的社会经济活动以及各种经济要素相互关系的总和，是一种基于省级地域的地域性经济体系。就本书的具体地域范围而言，主要限定到吉林省的区域范围内。本书所指的区域经济，特指吉林省的省份范围内的区域经济，特指吉林省地域内的区域经济与高等教育体系之间的协调关系。所有选取的反映经济状况的统计指标等，包括进行对比分析时所选取的其他省份的反映经济状况的统计指标，都是从一个省份地域的角度从其经济发展的现状中进行选取。

第二节　基本概念界定

协调对我们来说是再熟悉不过的词汇了，比如生活中会说，"黄色和蓝色放在一起颜色不协调""今天穿的衣服颜色不协调"，等等。但是对于协调的内涵理解，似乎又感觉非常熟悉，但是究其根本又似乎说不太清楚。明朝冯梦龙在《东周列国志》第四十七回中曾经如此使用"协调"二字："风声与箫声，唱和如一，宫商协调，喤喤盈耳。"在辞海中，关于协调给出的定义是：一是配合得当：动作协调，上下级通气，甲乙方协调。二是和谐一致：而这时她和整个舞台取得了最美妙的协调。

人们在常态认识中的关于协调的内涵，我们认为可以从四个方面理解：

第一，作为动词用的协调。所谓动词的协调，就是把协调看作是一种组织管理工作。比如，为了实现国民经济持续、稳定、快速发展，要处理好国家国民经济各个部门之间、各个系统之间、各个要素之间的关系。这里所用的"处理"，就是协调的意思。

第二，作为形容词的协调。所谓形容词的协调，就是一种态势。比如说，我国目前的国民经济与科技、教育、文化等事业之间处于一种协调发展的状态。这里，协调发展就是一种发展的状态，而不是一种动词的实践行为了。

第三，作为战略方针的协调。我国官方有关协调的理论和实践研究大概起源于十三届五中全会前后。党的十三届五中全会上提出了国民经济协调发展的战略方针。这次战略方针的提出，是把协调发展的问题在理论、实践中正式提出。

党的十四大从建设社会主义市场经济体制的高度论述了改革过程中需要注意的协调发展问题。改革过程中的协调问题论述主要涉及生产力与生产关系相协调、短期利益与长期利益的协调、局部利益与整体利益的协调、经济体制改革与政治体制改革的协调、整个产业结构的协调，等等。

第四，作为理论研究中的协调。在我国的理论研究界，关于协调的定义，权威性的、取得大家认同的较少。定义普遍存在着一个将协调定义为静态性特征内涵的倾向，即把协调看作是一种系统结构的静态、平衡、和谐的比例关系，或是把协调当作了系统结构稳定的同义词。这种定义的倾向，注重的是构成整体的部分之间的和谐统一，强调的是一种由系统的部分要素之间的结构平衡而导致的整体的和谐。这种内涵定义有它自身的优势，可以反映出系统整体的"秩序状态"。但是也有相应的问题，即对历时态的长期的系统发展态势，特别是系统各个要素之间的动态相互作用趋势认识不足。这种内涵的界定，更加倾向的是对现有秩序的一种认知、现有秩序的不变，而缺乏对系统要素动态变化的意识，缺乏创造性、积极发展意识。学者王维国对这一问题有了认识，也结合自己的认识给出了自己的界定，认为协调是指为实现系统总体演进的目标，各子系统或各元素之间相互协作、相互配合、相互促进而形成的一种良性循环态势（王维国，

1998）。但是王维国的认识注重了动态的内涵，又忽视了静态的结构平衡关系。

通过以上各个角度对协调的整体认识，我们发现，协调更多地具有对现状的默认，对原有秩序的维持或者默认。

因此，笔者更为赞同学者王维国对于协调的定义，将协调作为一种高等教育与区域经济之间协作、配合而完成总体演进目标的动态循环发展态势。无论是进行现状的实证性研究，还是从战略管理的角度提出各种对策，本书的目的是实现高等教育系统与经济发展系统的良性循环，使高等教育更好地促进、推动经济发展；反之，经济获得良好发展后，更好地反哺于教育。

协调发展是对协调概念的一种推广与应用，是对发展概念的一种外向性拓展与延伸。在本书中，所谓的协调发展，我们将其限定为，通过社会系统中的政治、经济、科技、教育、环境、资源、人口等子系统元素之间的相互协作、配合、促进而形成的共时态的静态和谐、平衡，以及历时态的动态和谐、平衡的良性发展态势。

在本书中关于协调发展的界定，我们主要是基于以下几个方面的考虑：

第一，将协调发展放置于社会整体系统之中的一种协调发展限定。我们研究高等教育与经济发展，不是单纯地就两者来研究两者的协调状态，而是将其放置在一种大的社会发展系统中，将其看成社会发展的一个部分。

第二，研究协调发展以是否满足人的发展为核心。无论是评价高等教育的发展还是经济的发展，都是以是否满足人的发展为核心。这种社会发展观，是一种以人为核心的社会发展观，这种发展观是摒弃了20世纪五六十年代以来的以经济增长为核心的传统发展观。秉持着这种发展观的协调发展的理解，无论是在进行指标选取，还是进行综合评价时，都不会单纯地以量的增长为核心进行评价，而是综合考虑规模、结构、层次等各个方面。

第三，协调发展，强调的是系统中各个子系统因素的聚合发展而不是孤立发展。在本书中，所强调的协调发展，不强调单个系统的孤立发展，强调的是综合性的、整体性的各个因素之间的同步发展性聚合，强调系统因素之间的相互作用、协调一致、相互促进。协调发展，无论采用什么样的外界干预手段，其目标都是要通过手段使得子系统按照一定的规则和目标的重新架构，成为一个新的整体，在新的整体中，在系统协调运行机制下，让其产生化学反应，从而达到总体倍增效应的目标。

第三节　高等教育与区域经济协调的
战略管理理论前提

高等教育与区域经济协调的问题，并非仅仅是整个社会系统中在两个系统中独立存在的现实问题。在战略管理的领域，从 20 世纪六七十年代开始就有很多学者关注组织与环境之间的协调问题。本书所研究的高等教育与区域经济协调的问题，从本质上来说，就是战略管理理论从一诞生开始就一直在强调的"组织—环境"之间的关系问题。战略管理理论之所以产生，也是为了更好地解决好企业组织（后来逐渐衍生到公共组织领域）与其所处的环境之间的关系问题。

一、环境适应理论：强调组织对环境的适应

在战略管理理论的初步形成与开拓时期，其赖以生存的一个非常重要的理论假设、前提假设，即组织与环境之间存在一种较为消极的关系。一个组织中战略的形成，无论受到什么其他因素的影响，都不能否认环境在短期时间内，至少是固定不变的客观存在，战略是由于客观的外部环境所导致的组织内部的结果。外部环境固定不变，企业组织需要做的是调整好自己，使得自己适应客观环境中产生的要求。即使很多的企业家甚至学者，对这种带有环境决定论意味的战略管理假设怀有抵制情绪，反对把环境看作是导致了组织内部战略产生的主要原因，但是他们的战略管理思想、战略管理实践，却都辉映了外部环境发展的需要，如钱德勒的"环境—战略—结构"模式。

安索夫的战略管理也是以环境适应的逻辑作为基本前提。安索夫提出，战略与规划的好坏与组织面临的环境的变化程度密切相关……战略规划的好坏依赖于组织形式所处的环境不同（Ansoff H. I. , 1972）。安索夫从战略适应所产生的结果的角度提出，将公司组织与环境相适应的战略运用于实践，会让公司表现出更好的绩效。"那些运用与环境相协调的战略进行管理的公司比那些运用适合于更激烈或更稳定的环境的战略进行管理的公司具有更好的绩效，即对特定类型的环

境，存在着一个最好的战略选择和组织安排"（Ansoff H. I. ，1984）。

D. B. 杰米森则从战略管理实践中实现组织变革的最为核心的中心人物和决策者的角度，讨论了管理者的职责及其首要任务。他提出，"战略家的首要任务就是保证组织与其环境有一个良好的战略匹配。这一匹配过程包含两种功能：一是使组织的能力与环境要求相匹配；二是安排组织内部结构和程序以使其他人可随战略备择方案而成长，并发展出新的、能符合未来挑战要求的能力"（D. B. 杰米森，1981）。

在 20 世纪 80 年代，战略管理被正式引入高等教育管理领域。针对高等教育管理对外部环境的适应，马文·彼特森非常直接地指出：战略管理的首要目的是帮助大学适应经常变化的社会环境（姚启和，2000）。

二、战略管理的核心要义之一：强调组织对环境的适应

从战略管理理论的历时态演变来看，每一种战略管理理论都有自己较为独特的核心，民营企业管理领域的战略管理理论与公共部门的战略管理理论互分畛域，风景各异。但是对各种理论进行本质化的核心抽取之后会发现，虽然不同历史时期、不同应用领域的战略管理理论各不相同，但是其内核与要义却是绝对一致的。可以这样来形容，"战略管理的研究者们，有人承担着打地基的角色，有人在构建框架，有人在负责和泥，有人在做内装饰……但是所有的研究者们无疑都在做一件事情——盖房子"。战略管理就是这个"房子"，在所有学者的共同努力下，被慢慢地修整得越来越像房子，越来越漂亮。这正如学者高文武等所说，"强调高层的战略决策对组织的生存发展极端重要。决策必须针对外部环境和竞争对手，具有战略眼光，重在形成和保持组织的核心竞争能力"（高文武和王虎成，2011）。

战略管理的核心要旨包括以下几个方面：

第一，重视高层"决策"。战略管理一词中，首要的核心词汇就是强调"战略"的管理，而不是战略的"管理"，即战略管理最重视高层的战略性决策作用，是所有的战略管理研究者们共同遵循与认同的核心理念，也正是重视高层"战略决策"使得战略管理理论与其他的理论流派区别开来，"长相不同"。比如行为管理更加关注的是管理过程中人的情绪、人际关系的重要性；社会系统学派

更加要突出强调的是组织的本质与特性问题；经验主义学派更加注重的是要从管理经验中领会如何管理……然而战略管理摆在首位的是决策，可以说从安索夫、安德鲁斯等开创战略管理至今，虽然战略管理的重心发生了不断的位移，但是"战略决策"的核心作用却从来没有变过。

第二，强调决策依据"环境"。围绕重视高层的决策，战略管理中高层们做出决策的依据是战略管理理论中的第二条要义——做出决策要依据对"环境"的分析。可以说，战略管理从本质上讲，是要恰当地处理好"组织内部资源与外部环境与机会挑战"之间的关系从而做出战略决策，使得组织内部资源与外部机会相匹配。环境的分析，是一个在各种战略管理理论中非常重要的词汇。比如中德尔说"决定并维系企业与环境之间的关系"；安德鲁斯强调的"四个要素"，其中第一个要素就是市场机遇，即所谓的外部环境；安索夫所强调的战略规划的"四步骤"，第一步强调的也是外部的政治、经济、社会、技术等各个方面的环境分析；环境适应理论更加强调环境的不确定性，把不确定的环境作为企业如何适应环境，不断设计各种管理对策的基础；产业组织理论、竞争战略说把大环境缩小范围至行业环境；等等。在此不一一列举。

但是，不同的战略管理学家在圈定环境的范围时，其内涵是不同的。管理学家们强调的环境，可能包括内部环境、外部环境，也可能是政治的、经济的、文化的环境。无论什么样的目标，都要客观地依据组织所处的其中一个或几个方面的环境互动与分析中做出。但是在本书中，借鉴战略管理理论进行高等教育与经济发展水平的协调程度分析，不会把所有的社会的、政治的、经济的、文化的等各个方面的分析都囊括进来。这种环境分析的方法貌似科学、全面，但是可能面面俱到就等于什么都没有说。然而产业组织理论、竞争战略学说主张缩小外部环境的范围至行业环境，笔者觉得还是有一定道理的。因此，我们在运用这一理论进行分析时，基本圈定环境分析的范围为行业内的分析，不作无限扩展。[①] 因为在本书中，我们只选择与高等教育与经济发展水平有直接相关关系的外部环境与内部环境进行分析，其他的更大范围内的环境分析不作深入扩展。

---

① 对于一个组织来说，无论是民营部门还是公立部门，其所要面临的外部环境确实都很广泛，但究竟有多少与组织有紧密联系呢？哪怕是有间接联系的也不会太多，在进行战略决策时只要充分考虑直接的或间接的那些因素就够了，没必要考虑那些与组织经营无关的东西。

第三，追求"核心竞争力"。战略管理学家们强调的第三条核心要义就是战略管理要追求形成并保持"核心竞争力"。因为战略管理学家们还没有肤浅到仅仅依靠强调组织与外部环境之间的互动就可以做出决策。因为做出决策的核心目标还是要与组织内部的资源相匹配，从而形成、提供企业等各种组织的核心竞争力。

比如环境适应理论、产业基础理论，可能更加关注的是外部环境，但是理论本身虽然强调组织要对环境变化保持足够的敏感性，但是当敏感地感知之后，随之要做的就是要变革组织内部的资源调配，从而形成更好的核心竞争力；再比如说波特的竞争战略学说，指出企业应该根据情况在差异化、专一化、成本领先三种战略中选择一个，实际强调的是根据环境的变化来调配资源。

什么样的能力才能称得上是核心竞争力？哈默尔、普拉哈拉德提供了三个标准：有价值的、稀缺的、可延展的；希特指出核心竞争力就是能够为企业带来竞争优势的资源与能力（李玉刚，2005），从竞争优势的角度来定义核心竞争力。

以上三个方面，是战略管理非常核心的、主要的意义所在。高层们在进行决策时必须要依靠的，首先就是外在的环境，时刻对外部环境保持较强的敏感性。从本质上来说，战略管理其核心本质上更加强调组织与环境间的空间维度关系，近期发展与长远发展的时间维度关系。战略管理，从其所表现的特点上来看，也非常强调与外部环境之间的沟通、协调。

第一，外向性。外向性即战略管理更加强调的是组织与外部环境关联，主动适应外部环境的变化；战略管理更加强调的组织的内部结构、运作机制、组织能力要随着外部环境的变化而变化，随时应对出现的变化。

第二，主动性。主动性即组织通过强调组织的核心竞争力的培养，主动适应外部环境的变革。这种外向性的主动性的适应，是为了更好地提升组织自身的能力，以促进组织更好地发展。

第三，前瞻性。战略管理关注的是一个组织的未来发展，而不是当下。战略管理更加注重一个组织未来发展的长期性利益，注重引导组织在未来向正确方向发展。

第四，系统性。战略管理，强调的是通过创设一种机制，来使得组织能达到与其他组织之间以及组织内部各个要素之间的协调作用。因此，在进行战略规划时，不是对局部、个别片段的谋划，而是需要对组织的变化着的外部环境、对组织的优势劣势、对组织的发展机遇等做统整考量。

三、战略管理理论的发展态势更加强调组织对环境的适应性

从战略管理理论的总体发展趋势来看，在私人性的企业战略管理领域，从最开始的战略思想演变至今发展成为生态系统理论，可以总结出以下几条发展规律：

（一）内容演变

关注内部→外部→内部→外部，不断循环往复，不断螺旋上升。最开始关注企业的内部，更加强调的是战略是一个分析和计划的过程；继而更加关注企业外部，强调外部大的产业结构环境的分析；理论的慢慢发展又开始转而关注企业内部，更加注重企业的核心能力的构建，将其与产业环境的分析结合；之后又转而关注企业外部，更加强调企业外部的企业之间优势互补、强调企业群的有机合作、共生。

（二）竞争程度与性质演变

弱（竞争程度、计划学派）→强（竞争程度、设计学派）→对抗（竞争性质、结构学派、能力学派、资源学派）→合作共生（竞争性质、商业生态系统）。从发展的脉络上来看，计划学派建立在比较弱的竞争程度基础之上；设计学派建立在比较强的竞争性基础之上；到了结构学派等竞争的程度发生了质的变化，产生了竞争性的对抗，强调对抗性竞争；然而后来的商业生态系统则性质又发生了较大变化，强调各个企业之间的合作共生、共同发展。

（三）竞争优势演变

追求有形、外在、短期竞争优势→追求无形、内在、长期竞争优势。比如结构学派追求的就是一种基于产品差异性的短期优势，而能力学派追求的更多的是基于企业内部的经验和知识共享，这些做法是一种无形的且对企业的未来竞争力与发展会产生深远影响的竞争优势。

（四）战略管理范式演变

均衡、确定性管理范式→非均衡、不确定性管理范式。比如计划学派、设计学派、结构学派，都强调外部的环境是基本可以预测的。因此，企业在制定相应的战略时，更多地可以依靠假设、经验、直觉、洞察力等，把握准确战略方向。然而发展到能力学派，则强调外部环境的变化性、不确定性、非均衡性。企业能做的战略管理是比较有限的，成功的可能性也比较有限。因此，企业需要做的是让自己掌握和利用好自身的核心资源和能力，能够比竞争对手做得更好，与行业的需求结合得更好。

第四节　高等教育与区域经济发展之间的客观联结机制

在本部分中，将按照高等教育与经济之间的关系的渐进形成的关系机制、高等教育与经济之间关系的作用机制、高等教育与区域经济之间协调发展的机制的逻辑展开。关系的渐进形成机制，将从人类社会渐进发展的角度对高等教育与区域经济之间是否真正存在现实性关系进行探索性确证；高等教育与经济之间的关系的作用机制，将从现实联结的角度，对高等教育与经济之间究竟以何种机制产生联结进行理论性研究；高等教育与区域经济之间的协调发展的机制，将重点对本书中所涉及的高等教育与区域经济发展之间的协调发展的客观机制进行探索。这种研究逻辑是一种由远及近、光圈逐渐缩小到聚焦的研究。这种研究机制的探索，将为本书的开展奠定现实的理论基础。

一、机制的含义、特征

从"机制"一词的词源来看，机制在希腊文那里被表达为 mechane，核心的意旨为机器、机构、机械。到了英文的表达则为 mechanism，核心意旨发生了拓展，指的是机械的结构以及它的工作原理。在《现代汉语词典》中，对机制做出了更加延展的解释：一是机器的构造和工作原理。二是有机体的构造、功能和相互关系。三是指某些自然现象的物理、化学规律。四是泛指一个工作系统的组织或部分之间相互作用的过程和方式。

机制在人类历史发展过程中的应用，首先是在工程学中，之后才被引入了社会科学的研究中。在工程学中，最早应用的是工程科学、物理学，其内涵则主要指的是机器、机械等的原理；后来被引入生物学、医学等学科，其内涵被扩展到了生命体的机构以及活动规则。

"机制"一词被引入社会科学中加以应用是20世纪40年代时美国科学家维纳的控制论。在控制论中开始把整个的社会作为一个有机的整体来看待，由此，机制的内涵被扩展到《现代汉语词典》中所表述的第四条意思。社会学科研究中的"机制"一词的应用，应该说是一种内涵的泛化。社会科学研究中人类学、经济学、政治学、社会学等学科范畴内的机制基本上都是此含义。在本书中，机制的定义也以《现代汉语词典》中对机制解释的第四条为准则予以理解，即探究高等教育与区域经济发展之间的机制，探究的是社会体系中高等教育系统与区域经济系统之间相互作用的过程和方式。

即使是在社会科学研究中，机制也是一种客观存在。机制在客观实在的存在中表现出以下两个主要特征：

第一，机制具有客观性。作为一种组织或系统之间相互作用方式或者过程的机制，其是一种客观存在。它不以人的主观意志为转移。在不同的历史境遇环境中，组织或者系统之间的机制虽然可能以不同的形式存在，但是机制的存在确实是客观的。我们可以通过抽象的方法将组织或者系统之间的机制本质抽取出来。即使人们根据自己的价值需要与追求去建立某种机制，或是完善某种机制，但是都必须遵循机制的客观性原则。

第二，机制具有动态发展性。在社会的系统或者组织中，静态的要素联系是结构，而要素之间的动态联系或者关系才是机制。机制总是存在于不同组织或者系统诸要素相互联系、非平衡状态的动态联系中。所谓发展性，就是机制可以在人类不同的历史发展阶段中，或者不同的历史条件下，进行不断的调整、发展和完善，或是不断的修正、精简甚至消失。

二、高等教育与经济之间的关系形成机理

(一) 农业社会①: 与经济间接发生关联

在人类诞生的初期, 并没有高等教育, 也不存在什么经济系统, 当然更谈不上两者存在任何关系。高等教育之所以慢慢地与经济发展产生联系, 而且关系越来越密切, 是因为两者随着人类文明的不断进步以及不断成熟, 而联系越发的密切。教育与经济是社会中的两个截然不同的系统, 有着各自相对独特的发展规律。从两者的关系机理来说, 主要包括两个方面: 第一个方面为关系的形成机理, 第二个方面为关系的作用机理。从关系的形成角度而言, 在农业社会、工业社会、知识社会三种社会形态中, 具有相对独立的社会阶段特点与水平; 从关系的作用机理来看, 教育对经济具有促进作用, 教育能够通过培养社会所需要的人才为社会提供优质的人力资源; 反之, 经济发展水平制约着教育发展的水平, 特别是制约着教育的规模、速度、质量。高等教育、经济发展之间的形成机理、作用机理亦是如此。在本节中, 我们将着重从农业社会、工业社会、知识社会②三种人类社会中高等教育与经济的关系的形成机理的角度, 考察两者在人类的历史发展中是如何产生关联的。

第一, 农业社会的社会发展格局。从人类进入新石器时代一直到 18 世纪的产业革命, 都属于农业社会。从漫长的人类文明史来看, "不但是中国, 一直到不久之前, 地球上任何一个地区的长久繁荣、文明的延续, 基本上都要取决于农业生产能力的支持。③ 只是到了最近一段时期, 在某些国家工业才取代了农业成

---

① 大约开始于公元前 8000 年, 到公元 17 世纪末蒸汽动力的诞生。农业社会的发展被称为第一次浪潮。

② 人类社会发展至今经历了不同的历史阶段。依据不同的划分标准可以具有不同的划分形式。比如, 从生产关系角度进行人类社会发展阶段的划分, 可以划分为原始社会、奴隶社会、封建社会、资本主义社会、社会主义社会和共产主义社会。在本书中, 我们所采用的划分标准主要是依据生产力发展的程度, 划分为农业社会、工业社会和知识社会。

③ 在新近的研究中显示, 即使在很发达的古希腊, 手工业和商业比较发达, 但也仅仅是局限于少数的城邦而已, 即便是这样, 这些比较发达的少数城邦中的商业经济也远远不像大家所想象的那样夸大。绝大部分地区都是一种以农业经济为主的特征。

为经济生活的基础"（古德诺，1998）。

在农业文明中，标志性的生产力发展特征为用畜力、自然力帮助人的体力劳动，形成农业文明。这种生产力发展的特征是整个社会发展的主流，人们劳作的场所主要在田野，核心的战略性物资是土地，而价值增值的方式主要靠体力化的农业劳动，使用的工具主要是木材、铜、铁等制成的投枪、渔网、犁等农业工具，劳作的目的主要是实现自给自足以克服寒冷、饥饿、各种自然灾害，等等。

农业社会中，整个社会最基本的生产资料土地一直是统治阶层绝对支配的对象。对土地的依附，使得社会关系形成了纵向的权力支配的格局。农业社会的典型特征就是"以小农经济为主业"。长期以来，小农经济形成的就是一种具有普遍性质的自给自足的生活格局。这种生活格局在不同的生活层面表达出来。在家族的内部，只要通过内部的分工协作，就可以完全满足生活需要，即使没有外界交换，也可以"安安稳稳"；扩大到乡村村社的小集团层面同样是自给自足，基于家庭单位的自给自足，因为有了剩余，则在小集团内部有小规模的初级的产品交换；然而在国家共同体的层面，则是打破了家庭、乡里的界限，出现了小规模的个体商业活动，承担着不同层次的自足任务。但是这种自足也仅仅是初级的产品交换，产品交换的内容更多的是限于手工业产品以及农业产品。在农业社会中，专业的以交换为目的的生产活动并没有出现。

第二，理论认识方面的勾连产生。我国的墨子，在春秋时期即朴素地认识到教育的经济意义。《墨子·鲁问》中有对墨子与农学家吴虑的对话，"墨子曰：籍设而天下不知耕，教人耕，与不教人耕而独耕者，其功孰多？吴虑曰：教人耕者其功多"（张学敏，2001）。

第三，社会实践方面的勾连产生。现代意义上的高等教育是近代历史发展的产物，但是，作为人类文化产物之一的高等教育却是历史漫长。国外的高等教育产生，最早的记录在公元前6000年以前，在古埃及的尼罗河流域一带，出现了由一定的组织和机构进行的学校教育活动。在公元前3787年和公元前1580年间，尼罗河流域已经形成了比较有计划、有系统的教育制度。教育的最高层次是集中于寺庙中进行的"高等教育"。由于古埃及的神权政治，僧侣阶层垄断了一切文化活动，因此，著名的神庙或寺庙，如海力浦里斯、卡拉克和孟菲斯等自然成为著名的高等学府。除了宗教、道德和文学教育之外，这些依附于神庙的中心

或学府还传授数学、天文、物理、医学、农业、雕刻和防腐术等方面的知识。（黄福涛，2003）

农业社会中，真正地使得高等教育与经济发生间接关系的起源大概可以追溯到 12 ~ 13 世纪的中世纪大学。中世纪大学体现出了与现代意义的高等教育非常密切的"血缘关系"。中世纪的大学之所以产生以及被建立，"基本目的是专业教育，时代要求大批受过良好教育的人以满足需求，大学接受了这一任务。法律、医学、神学和艺术都是需要有能力并受过教育的人所从事的专业，大学正提供了这些教育"（S. E. Jr. Frost，1966）。可以说，中世纪的大学①，通过培养法官、医生、神职人员、牧师等专业人员，间接地为社会经济发展服务，与社会的经济发展发生着直接关联。

在西欧，大概在 10 世纪之后就基本确立了封建制度，国家机构开始逐渐完善，此时国家更加需要的是一定数量的有专业素养的官吏，随着教会势力的不断扩大而需要更多通晓教义的神职人员传播教义，日益增多的法律争端需要大批有专业素养的懂得法理的法官，人们生活质量逐渐提高后需要大量受过专业训练的医生。这些方面的社会发展需求直接促成了中世纪大学的产生，而且对高等学校的办学方向以及职能做出了引导性规定。

比如说意大利北部的波隆纳大学的产生就是如此，而且间接地服务于当地经济的发展。波隆纳处于意大利北部，属于交通要道，过往的商贾众多，商业贸易发达。波隆纳早年曾经有过罗马的特许状而拥有部分特权。罗马帝国覆灭后，当地的市民阶层开始崛起，这些城市不堪忍受封建主的繁重税收而要求恢复罗马帝国时期的特权地位。因此，封建主与市民之间矛盾经常被诉诸法庭。同时，因为当地商业交通枢纽的地位使得商业纠纷也非常多，需要法律来进行调和。因此，罗马法在当地受到欢迎，很多律师带着学生来到波隆纳从业，由此，促成了波隆纳大学的产生。波隆纳大学的产生就是为了解决培养当地需要大量法律从业人员如法官、律师的需要，根本上是为了为当地的商业发展、市民社会的发展保驾护

---

① 欧洲中世纪的大学，一般设立文科、法学、医学、神学四科。文科一般属于大学的预科，课程主要以七艺为主；法学科一般分为民法、教会法；医学科主要是修习古希腊以及阿拉伯人的医学；神学科一般主修《圣经》以及经院哲学家们的著作。因此，大学中所设立的这四个主要学科也基本上是指向未来职业，为当时社会的发展服务，专业性极强。

航、廓清道路。① 因此，虽然当时是农业社会的经济基础，但是高等教育与经济发展之间已经通过大学的这种方式发生了间接的关联。

（二）工业社会②：密切、直接的关联

人类进入工业化社会始于 19 世纪下半叶。当时世界上几个主要的资本主义国家相继完成了工业革命，人类进入工业社会。到 20 世纪中期，虽然在社会体制形态的划分上出现了资本主义国家和社会主义国家的体制分立，但尽管社会体制、意识形态完全不同，但都属于工业社会的范畴，正如托夫勒所说，"在地球北纬25°到65°之间，有一条工业地带"（阿尔温·托夫勒，1983）。在工业社会中，高等教育从服务政治的社会功能开始发生大规模拓展，由于资本主义生产力的发展，高等教育开始为经济发展服务。各个欧洲国家、美洲国家、亚洲国家开始建立以技术教学为核心的新大学。这些新大学的建立，使得高等教育与经济发展之间的关系更加直接、更加密切。

工业化的社会中，生产力的发展水平要求使用机器取代人的体力劳动，从而形成工业文明。社会允许的主流战略物资由土地转向资本，主要的价值增值方式依靠工业生产，依靠的能源由单纯的体力转向依靠煤、石油、电力等不可再生能源，生产工具主要由农业工具转向火车、轮船、机床等动力性工具。

可以说，近代的欧洲资产阶级革命是发端于英国的，同样，近代的高等教育也是最先在英国得到发展，近代人类社会进入到工业社会之后，高等教育与经济发展之间发生非常密切、直接的关联也是发生在英国。从 19 世纪初期开始，英国所具有的牛津、剑桥等中世纪大学可谓是等级森严、保守主义色彩浓厚，基本适应不了已经相对成熟地发展起来的工业革命对人才培养的需求，尤其是对大学的需求。因此，为了给资本主义工业革命的推进开辟道路，人才是绕不过去的问题。由此，英国的资产阶级发起了"新大学运动"，目的就是要建立符合资产阶级利益的新大学。当时在新大学运动中建立起来的大批的大学，都与经济发展之间有着非常直接的关系。一个典型的表征就是当时建立的新大学基本都是在工业

---

① 大约 11 世纪前后，西欧的社会在经济、政治、文化等方面都得到了初步的发展。在农业发展的基础上，织布、采矿、冶炼、金属制造业、建筑业开始兴起。与此同时，为中世纪大学产生提供合宜的土壤的自治城市也逐渐在手工业、商人聚集，商品交换活动活跃的市集附近出现。

② 工业社会开始于 17 世纪末，至 20 世纪中叶为止，也被称为"第二次浪潮"。

发达的城市兴办，这些大学、学院不受宗教信仰限制，大多数都由资本家出资兴办，设置许多与工业生产直接对口的系，比如 1826 年建立的第一所新大学伦敦学院。伦敦学院在建立之初，最为注重的就是自然科学知识教育以及技术教育；比如之后相继由资产阶级创办的达姆勒学院、曼彻斯特城欧文学院、埃克斯特学院、伯明翰大学、利物浦大学等。

再比如当时的法国，中世纪时期的法国的巴黎大学非常有名气。法国大革命初期的一段时间，法国的巴黎大学一段时期内停办，取而代之的则是适应资本主义发展需要的各种专科学校快速发展起来。比如巴黎工业专科学校，以培养工程师、数理学家而闻名，被誉为"欧洲工业大学最早的模范"；再比如说，巴黎高等师范学校，成为法国政治家、科学家、文学家等各种优秀人才的摇篮。

德国在 19 世纪初期，由新人文主义者洪堡创立柏林大学，柏林大学的创立使得德国的自然科学得到快速发展。同时，柏林大学的创立，因为"教学与科学研究相统一"的原则使得高等教育的社会功能由为政治服务为主扩展至高等教育为科学发展服务。柏林大学创立之后，在 19 世纪 20 年代，几乎每个区、每个城市都有一所多科技术研究所、多科技术学校，德国的高等教育慢慢开始形成文理大学、工科大学、多科技术大学的综合体，直接为德意志民族统一的政治服务，为德国的经济起飞服务。

美国刚刚发展起来的高等教育是 1636 年创办的哈佛学院，之后耶鲁学院、普林斯顿大学等相继诞生，这些学院基本都仿照牛津、剑桥的模式建立，培养传教士、政府官吏等，经院气息浓厚。独立战争之前这些高等教育所发挥的作用也基本局限于为政治服务。然而 1783 年独立战争之后，美国的州立大学开始纷纷建立，这些新建立的州立大学开始为各州培养政治人才，同时也培养经济、科技人才。特别是在《赠地法案》颁布以后，由于政府的支持，赠地学院迅速发展。赠地法案规定，各州凡是有国会议员 1 名，联邦就拨地三万英亩，由州立出售出租得到的资金建立一所农业或者机械学院。这种方式建立起来的学院，以教授农业、机械技术知识为主，设有农业、工程、兽医，以及其他相关的技术科目等，同时还开展有关农业、物理、医学等领域的研究。当时建立的很多学院后来成为世界著名大学，比如麻省理工学院。赠地学院的不断建立，开启了美国高等教育为经济、社会发展服务的开端。

（三）知识社会：主导社会前进

知识社会是伴随着第三次技术革命，即信息技术革命、知识爆炸而慢慢衍生而来的一种社会新型形态。也可以称作为"信息社会""后工业社会①""智力社会""后资本主义社会"等。在知识社会中，最为核心的特征是"知识成为社会中最为核心的基本资源，而不是劳动力或者是资本"。在知识社会中，知识的创造、运用是经济增长的核心原动力。因此，作为知识的运用者、创造者的培养与教育在很大程度上取决于高等教育到底发挥了多大的功能。换句话说，在知识社会中，高等教育直接服务于经济的功能会被进一步放大，甚至在一定程度上会主宰社会进步的速度和水平。高等教育作为知识创新的源头，容易对知识创新产生直接的影响，使它从目前的边缘走向中心位置。

三、高等教育与区域经济发展之间的作用机制

（一）高等教育通过发挥自身的"经济功能"服务于区域经济发展

高等教育与区域经济发展相互关联，尤其高等教育能对区域经济发展做出贡献，最主要的联结与作用机制是高等教育通过发挥自身的"社会功能"来实现的。这里强调产生两者关系联结的是高等教育社会功能的发挥而非教育本体功能的发挥。

众所周知，客观世界中，一切活动的主体、系统，都具有各自区别于其他主体和体系的职能和社会作用。教育系统同样也不例外。高等教育之所以与区域经济之间能发生联结，首要的原因就在于教育自身作为一个社会的发展体系，就具有自身的功能②性，教育系统是一个功能性的存在。

具体而言，教育系统所能发挥的功能，可以从本体功能、社会功能来考察。教育的本体功能，即教育自身所具有的职责和能力。高等教育自身具有诸多本体

---

① 德鲁克认为，知识社会在本质上是"后工业社会"。

② 在这里，所谓的功能就是指作用，即通过人、事物、机构所具有的职责和能力的正常履行和发挥而产生的一种社会功效或者结果。

功能，比如加速年青一代的身心发展和社会化进程，比如传递和继承人类的精神文明实现社会遗传，比如实现经验和人才的科学筛选。

教育的社会功能即教育通过自身职能的充分调动和履行而对社会产生的一种功效（柳海民，2000）。高等教育也发挥着诸多社会功能，比如高等教育具有人口功能，是改善人口质量、提高人口素质的手段之一；高等教育具有政治功能，可以通过一定社会所需要的人才而培养合格公民，通过宣传统治阶级的思想制造一定的舆论为社会政治服务；等等。同时，高等教育也发挥着经济功能。它所发挥出来的经济功能，也是高等教育系统充分发挥自身社会功能的一种结果。

教育包括高等教育自身所具有的经济功能，随着社会不断进步而逐渐产生、不断丰富与完善，并且逐渐走向社会系统的中心。教育的自身功能的不断完善和丰富，变得从单一到多元、从本体功能发展到社会功能，是经历了一个时代不断积淀与演变的过程。在古代社会，教育的政治功能十分突出，经济功能被忽略了，但是仍有一些大教育家认识到教育对经济发展的重要作用，如《墨子》中的"教人耕者其功多"；原始社会的初期和中期，教育与劳动结伴而生、交臂而行。在这一历史阶段中，主体的泛化、内容的有限和手段的匮乏等因素决定了教育功能结构的单一性，即为生命的存在和延续服务。十七八世纪随着大工业革命的产生和发展，英国古典政治经济学家斯密在《论国民财富的性质及其原因的研究》中首次把人的经验、知识、能力视为国民财富的主要内容和生产要素；19世纪庸俗经济学家马歇尔在《经济学原理》中看到了教育的经济价值；20世纪五六十年代对教育功能的认识由于人类资本理论的产生、成熟和发展而不断深入和扩展（刘赟，2002）。

历史步入阶级社会之后至今，其功能是逐渐实现拓展的。最开始不能人人享有，只是以社会特权的形式存在，教育被当作精神奴役、阶级压迫的工具；之后，随着生产力的逐渐发展，人类对自然的征服能力越来越高，教育在政治的教化育人、促进经济方面的功能逐渐显现；之后的技术革命、工业革命，则使得人们开始关注教育从人的需要、人的发展的可能性发明关注教育对人生命的意义及价值；科技革命深化，加快了人对生命意义的认识；然而教育革命阶段，则充分认识到了完整的人的生命意义所在。社会变革与教育功能拓展的内在关联如图2-1所示。

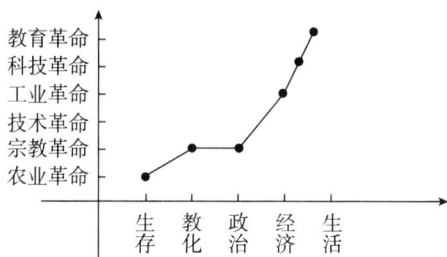

图 2 - 1　社会变革与教育功能拓展变化图

资料来源：笔者整理绘制。

　　既然教育通过发挥自身的经济功能而作用于社会发展包括社会中的经济发展，高等教育同样如此。高等教育体系也同样通过发挥自身的经济功能，而有效地作用于一定区域中经济的发展。具体而言，主要包括以下几个方面：

　　第一，高等教育为区域经济发展提供充足有效的人力资源。人力资源的发展是一个区域内经济发展重要的因素与动力之一。美国经济学家萨缪尔森等认为，"经济增长的发动机必定安排在相同的四个轮子，无论是穷国还是富国，这四个轮子，或者说增长的要素就是：人力资源（劳动力的供给、教育、激励）、自然资源（土地、矿产、燃料、环境质量）、资本（机器、工厂、道路）、技术（科学、工程、管理、企业家才能）"（保罗·萨缪尔森、威廉·诺德豪斯，1999）。人力资源的水平直接决定了一个区域内经济发展的质量。比如，我们可以通过区域与人力资源质量之间的关系得到确证。在我国，经济发展快速的地区主要集中在东部特别是沿海地区，而同样，这些地区也是高等教育的活跃、密集之地。我们通过《中国人口和就业统计年鉴》的数据分析可以看出，比如北京、上海等区域中，每万人接受高等教育的人数要比陕西、甘肃、西藏等西部地区高出很多，且远远高过全国的平均水平。从一定意义上来说，区域内的高等教育在很大意义上为区域提供了人力资源储备，充分保证满足区域内经济发展的需求。

　　为区域经济发展提供人力资源，是通过发挥自身具备的经济功能而实现的。高等教育可以通过改变所在区域人力的劳动生产能力，提高劳动者素质实现的。正如舒尔茨在他的著作《人力资本的投资》中所指出的，"人力资源的增加对经济增长的作用远比物质资本的增加要重要得多"（Theodore Schultz W.，1961）。即人力资源是整个社会经济发展的动力源之一，高等教育通过改善人力资源来直接推动区域内的经济发展。

高等教育可以实现一定区域内的劳动力再生产。劳动者是生产力诸因素中最重要的成分，不论是体力的改善还是智力的提高，都要靠教育去完成。（柳海民，2000）高等教育是实现劳动力再生产的重要手段。马克思提出，"教育会生产劳动能力"，"要改变一般的人的本性，使它获得一定劳动部门的技能和技巧，成为发达的和专门的劳动力，就要有一定的教育和训练"。

具体而言，高等教育通过直接提高一个自然人的素养来实现劳动力的再生产。高等教育可以使受教育者通过获取科学知识、技能知识、职业能力等，直接从一个潜在的劳动者变成现实的劳动者，变为真正的生产力，从而有助于经济的发展。（瞿葆奎，1998）实际上，高等教育具有更加扩展的功能，高等教育既可以实现由可能劳动力向现实劳动力的转化，同样可以实现"把一般性的劳动力转化为专门性的劳动力；把较低水平的劳动者提升为较高水平的劳动者，把一种形态的劳动者转化为另一种形态的劳动者，把单维度的劳动者转化为多维度的劳动者"（扈中平、李方和张俊洪，2005）。

高等教育对劳动者的个体而言，则具有更加直接的作用。受教育者可以通过高等教育的训练和教育，非常直接地提高受教育者对具体生产过程的理解，提高受教育者的劳动技能的熟练程度①，提高受教育者的工作效率。受教育者到了工作的岗位之后，可以更加合理地使用劳动工具，比如正确合理地操作机器和工具，更加注重、懂得对机器的维修和保养；劳动者掌握了相应的知识和能力之后，可以形成掌握新技术、新工种等方面的能力，缩短时间，可以具备相应的创新意识、创新能力，等等。

高等教育通过改变劳动力的性质和形态来实现劳动力的再生产，从而有效促进区域经济发展。与基础教育等教育体系相比较而言，高等教育可以更加直接地、有效地改变劳动力的性质和形态，从而更加直接有效地促进区域内的经济发展。改变劳动力的性质和形态，主要改变的是劳动者的知识技术结构，受过高等教育的劳动者与没有接受过高等教育的劳动者，在知识技术的结构上是有着天壤

----

① 马克思曾经指出，劳动生产力是由多种情况决定的，其中包括：工人的平均熟练程度、科学的发展水平和它在工艺上应用的程度、生产过程的社会结合、生产资料的规模和效能，以及自然条件。因此，提高工人的平均熟练程度，是有效提高劳动生产率的手段之一。

之别的。高等教育可以充分振奋劳动者的精神，非常充分地挖掘出劳动者的业务技术能力。整个高等教育体系，可以围绕改变劳动力的性质为核心，向社会提供科学研究和设计队伍、掌握和运用先进生产方法的技术队伍、生产和技术管理人员的队伍、高质量的科研人员及工程技术人员等（厉以宁，1978）。

第二，为区域经济发展提供丰富的科技创新支撑。萨缪尔森所提出的经济增长因素的"四个轮子"的第四个即技术，包括其中所提到的科学、工程、管理、企业家才能等也与高等教育有直接的关系。高等教育自身经济功能的发挥，包括对区域经济发展做出重要贡献的另一个重要方面就是通过自身所具有的科学研究功能，产生丰富的科技创新去作用于区域经济发展。

我们从19世纪以来大学经济功能的不断深化，即从传授高深的学问改变劳动力的素质，到科技教育被逐渐纳入大学培养目标体系就可以看出高等教育对于区域经济发展所提供科技创新的作用。19世纪以前的大学，主要的培养目标是传授高深的学问，主要从事理论研究。在那个时期，科学研究在大学里还没有十分重要的地位。但是当19世纪欧洲经历了法国大革命、英国工业革命之后，科技教育逐渐开始主导近现代大学的发展，成为高等教育发展的非常重要的目标。比如德国的洪堡所创立的柏林大学，强调的两条办学原则就是"学术自由""教学与科研相结合"。其后，欧美的很多大学建立，包括我国现在大部分大学的建立都不同程度地沿袭或者参照了柏林大学的做法，科学研究成为主要的任务之一。到目前为止，科学研究已经成为世界上高等教育改革和发展所必须要考虑的核心问题之一。

从一定区域内来说，往往集聚了大量的科研院所、高等院校，这些高等教育机构中汇集了大批的优秀教师与学生，他们与同地区的人相比是地区内创新与改革进步的生力军，尤其在我们正在迈向的未来的知识经济时代更是如此。高等教育体系中的各种院校院所成为了一个地区内的主要知识资产持有者。这些高等教育体系机构可以通过其所拥有的各种研究中心、各种科学研究小组或者科学研究人员，开展各种专业的前沿的科学研究，其产生的各种研究成果可以与市场实现良好的对接。与市场对接后，前沿的技术应用可以在区域内实现强烈的辐射效应。总之，高等教育通过提供丰富的科技创新服务于区域经济发展，主要的方式与途径为通过直接解决经济发展中所需要解决的各种社会实际问题，实现与社会生产部门和经济领域的结合与合作而展开。具体的手段途径有技术转移、共建实体、直接参与经济发展几种方式。

技术转移，是作用区域经济发展的主要联结点之一。技术转移的方式主要通过"设立大学研究园区从而有目的性建立高科技企业群""设立高新技术咨询部门，企业群提供咨询服务""设立企业孵化器，扶持新建高新技术企业群发展"等几种方式去实现。在这种技术转移的过程中，技术输出的主体是"高等教育系统"，而作为受众群体则是当地区域内的企业特别是高新技术产业。

共建实体，是作用于区域经济发展的另一重要联结点。与技术转移不同，共建实体的途径中，高等教育与区域内的企业群体都是主体，两者合作共建，共同促进区域内的经济发展。这种方式主要通过理工类的大学与企业共同出资，建立各种研究平台，共同培养人才、使用人才，之后将相应的研究成果在企业中试行并最终应用于企业获取利润。比如在美国，这种共建实体以研究所、研发中心、开放性实验室、实验基地、工业联合项目部等诸多形式存在。比较知名的有麻省理工学院与工业界联合组成的"工业联合项目"。这种共建实体的形式，区域内的企业可以获得巨额利润，同样，高校也可以从中吸纳大量的研究资助，可谓是互利互惠。

直接参与区域经济建设，也是高等教育直接与区域经济产生关联的重要联结点之一。在这里所说的直接参与区域经济建设，是指一定区域内的高等教育体系内的师生，在本区域内通过入股或者自主创办高新技术企业的方式直接参与区域内的经济发展。比较典型的例子如在 1999 年前后，麻省理工学院的师生就通过技术专利转让的形式，或者独立创办企业，当时师生们所建立的企业有 4000 多家（教育部教育管理信息中心，2000），而这些来源于高校技术创新的企业，使得波士顿很快成为世界闻名的生物技术基地。

高等教育为区域经济发展提供丰富的科技支撑，最为重要的结果就是可以推动区域内经济增长方式的变革。关于经济增长方式的研究，至今为止经历了一个不断深化的过程。从最开始注重单要素投入的哈罗德—多马模型到强调多要素增长的模型如索洛模型，从注重外生型增长的模式如新古典模型到追求内在经济增长的经济模型如新经济增长理论。截至目前，人们普遍开始认同，高等教育为经济发展提供科技支撑从而有效促进经济增长方式转变。高等教育所实现的科学知识再生产，可以面向区域提供出技术以及相应的技术创新，可以使得推动经济增长的各种要素进行重新的排列组合，从而有效推动增长方式的转变，如实现由相对粗放型的经济增长方式向更加集约型的经济增长方式过渡与转变。

第三，为区域经济发展提供直接性消费。为区域经济发展提供直接性消费也是区域内高等教育作用于区域经济发展重要的联结点。提供直接性消费，主要通过学生、学校的当地采购与消费，当地人员雇用，当地房地产开发等几种方式产生作用。

学校、学生的当地采购与消费，会直接拉动区域的直接性消费。首先，从学校层面来看，为了维持学校日常的正常运转，必须要产生各种直接性消费。比如办公用品、维修工程等。可谓是项目多，开支大。如美国密苏里州立大学 2004～2005 年，学校的大型采购项目就达到了 2800 万美元。2800 万美元对于一个小小的华伦斯堡地区来说可谓是收入不菲，可见高等学校的消费对于区域内经济的发展是一个非常重要的影响因素。学生的采购与消费同样如此，根据 2008 年的一份调查显示，一位大学生年均支出的均值在 8400 元左右，消费的热点主要集中在通信、社交、网络、旅游几个领域。假如以一位学生年均消费额 6000 元计算，一所一万人的大学对所在区域的经济产值的贡献就至少是 6000 万，再加上不同部门的产出乘数，贡献值可能超过亿元。

人员当地雇用，也是高等教育体系与区域经济发展产生管理的联结点之一。一般的高等学校都是人员多，机构较为庞大，分工非常明确。而且，高校一般都是一定区域内增速较快的大雇主之一。高等教育体系中所需要的大量的科研岗位、教学岗位、管理与支持性岗位等，为当地居民的就业提供了大量机会。虽然大量的科研岗位以及教学岗位等可能会雇用自全国各地，但是约占总体 2/3 的管理与各种支持性岗位，基本来源会更多地考虑本地区的居民。高等学校往往更乐意从节约开支的角度雇用本地更为稳定、更为廉价的劳动者。

开展房地产开发，也是高等教育与区域经济之间发生联结的非常直接的联结点。就一般的高校而言，都拥有着很多的不断增加的房地产项目。尤其是逐渐实现高等教育大众化、普及化的阶段更是如此。高等学校要投入大量资金用于教师公寓开发、学生公寓开发、配套的医院建设，等等；或者是通过间接的方式为教师提供购房补贴、按揭贷款等。

（二）区域经济发展水平在一定程度上决定区域内高等教育水平

第一，区域经济发展水平在一定程度上决定受高等教育的教育人口数量。

人，是教育包括高等教育的对象。没有教育对象，就不会有教育包括高等教育的存在。高等教育教育对象的存在，是社会经济发展到一定程度的产物。当社会中的人还在为生计奔波之时，是不会有空闲时间来接受教育的，即使是基础教育，更何况高等教育。马斯洛的需求层次理论也指出了，人类在解决基本的生存需要、安全的需要的基础上才能有更高层次的需要，教育就是属于更高层次的需要。在人类的社会生产实践活动中，只有具有了足够的剩余劳动产品，只有获得了充分的剩余劳动时间，才能为教育提供相应的物质条件，以及为受教育者提供足够的时间保障。然而生产力的发展水平，直接决定着一个社会群体中所能提供的剩余劳动的数量。剩余劳动的数量与此社会团体中有可能接受教育的人口存在直接的相关关系。在农业化的社会中，无论是东方还是西方，无论是什么样的社会政体，社会中实际的劳动人口要为自己的生活花去大部分劳动时间，剩余时间空间微小，可能受教育的人口数量极低。即使有各种各样的高等教育的萌芽，也不可能发展成规模的高等教育。这也是为什么高等教育只能在现代化大生产的基础上建立起来的根本原因。现代化的规模生产、劳动分工，使得劳动人口获得了大量的剩余劳动以及剩余时间，具有精力接受教育。

另外，即使劳动人口获得了接受高等教育的剩余劳动和剩余时间，也不能必然地接受高等教育。因为，从世界教育变化的历程来看，要经历一个由低到高不断升级的过程。假如社会经济发展到一定程度之后，首先要进行的是扫除文盲，然后是发展初等教育、发展中等教育，前者奠定了基础之后假如还有接受高等教育的可能，才能继续接受高等教育。

第二，区域经济发展水平在一定程度上决定高等教育发展水平。首先，区域经济发展水平决定高等教育投资水平。从一般意义上来说地方高等教育的发展，在很大程度上依赖于地方财政的支持。高等教育要实现发展，必须获得教育投资，教育投资是高等教育发展的最基本的物质基础和保障。在一定的区域内，高等教育除了少数高校由国家直接进行教育投资之外，大部分高等学校都是由地方政府（包括政府以外的各种民间投资，但地方政府的投资是高等教育获得主要资金来源渠道之一）进行投资。区域经济的发展水平在很大程度上决定着教育投资的水平。没有区域内进行的各种各样的投资，区域内高等教育要想获得长足的发展是不可能的。

因此，可以说，经济发展到什么水平，教育才能发展到什么水平，高等教育才能发展到什么水平。高等教育培养的是高级的专门人才，涉及国家发展的各个方面、各个部门。高等教育专门人才的培养，需要相当的办学规模、办学条件以及高水平的师资作为保证。这都需要经济发展为之提供人力、财力、物力等物质条件的保障才能奏效。大量的人、财、物的投资是需要一定的经济基础作为保障的。一个区域内一定时期内的高等教育投资是以该时期的经济发展水平为基础的。然而国家包括地方政府投资教育，首先要满足基础教育需要，不仅仅是高等教育。

其次，区域经济发展的需要决定高等教育的供应。虽然从省份的角度来看，高等教育所培养的人才，不是百分之百都留在高等教育所在地省份工作，即处于某一省份的高等教育机构所培养的人才不是要全部为当地区域经济发展做贡献。但是处于某一地域的高等教育机构却是当地区域人才需求最为主要的来源。

高等教育机构所培养的人才不能脱离一定区域内国民经济的实际发展需要而孤立进行。高等教育的人才培养供应只有与国民经济发展的需求相适应才能具有旺盛的生命力。如果抛开区域内经济发展需要、经济基础、生产力发展水平而盲目地发展高等教育，甚至盲目、片面地照搬其他国家的发展方法与模式，背离国情，会造成高等教育发展过度。由此，会造成高素质人才失业、大材小用、人才过剩等一系列社会问题。

再次，区域经济发展水平决定高等教育发展规模及速度。世界教育发展的历程与路径大致如下：扫除文盲→普及初等教育→普及中等教育→实施大众化的高等教育。从这样的发展路径来看，基本上都是经济发展水平低时，先满足较低层次的需要；只有当经济发展水平慢慢提高时，才能实施更高层面的教育。当经济发展水平较低时，举办标准较高的高等教育，其规模、速度就会受到影响。作为一定区域内高等教育发展的最大最主要的投资者，其发展的水平在很大程度上都制约着高等教育发展的规模和速度。当区域内的经济快速发展之时，且对高层次人才的需求更为旺盛，在满足了较低层次教育投资需要的基础上，就会有更多的可能投资于高等教育。

最后，区域经济发展水平决定高等教育的内容与手段。在农业社会中，经济发展水平相对低下，小规模的高等教育，其内容主要是为社会政治服务，内容涉及哲学、宗教、道德、法律、文法等内容，与社会经济、文化、科技相关的内容非常少；随着社会生产力的不断发展，算数、几何、天文的自然科学内容逐渐进入高等教育领域。17世纪左右，社会经济发展水平进一步提高，物理、化学、动物学、植物学等学科开始进入高等教育的内容体系。现代社会，各种机械、工程、电子计算机、遗传工程等现代化的生产的内容随着社会发展逐渐进入到了高等教育内容体系。现代社会中高等教育课程门类、课程结构更新的速度超过了历史上任何一种社会形态中课程更新的速度。因此，从区域经济发展水平的历史发展历程可以看出，区域经济发展的水平，与高等教育的内容以及手段之间也存在着规律可循，在一定程度上间接性地决定着高等教育的内容和手段。

第三，区域内经济结构在一定程度上决定高等教育结构。根据现代社会的标准，一般可以把社会的产业分为三个大类：第一产业为农业，主要包括农、林、牧、副、渔；第二产业主要是工业和建筑业。第一产业与第二产业是社会的物质生产部门。第三产业为流通与服务部门。随着科学技术的不断发展，信息业在人类的社会中所起的作用越来越大，逐渐被归类为第四产业。从现代社会中人民对于社会经济结构的划分来看整体人类社会的发展进程，会发现无论是在农业社会还是工业社会、知识社会，都是社会的经济结构决定着高等教育的结构，而不是高等教育的结构决定着经济的结构。比如，在农业社会中，社会经济结构主要是以一产为主，以第一产业为主的社会经济结构中，人们的社会生产是以自给自足为单位。因此，此阶段不需要高等教育来培养大批的二产从业者，高等教育只需要为社会政治的统治服务，培养部门社会精英即可满足国民经济的发展需求。由此，即使在中世纪产生了大学，但是基本都是以培养法律、神职人员等为主。然而随着工业化进程的加速，劳动力逐渐从一产转向二产，二产的劳动力数量一直呈现出爆炸式增长的趋势，就需要各个国家来建立大规模类型、层次的高等教育满足社会发展需求。

经济结构决定高等教育结构的规律同样适用于区域内经济结构与高等教育结构之间的关系。如果一定区域内的经济结构以二产为主，那么其高等教育的结构假如都以培养一产或者三产的人才为目标，则脱离了区域内对人才培养的需求，二者会发生背离，如此，高等教育的发展则不会有长久的生命力。即在区域内，社会的经济结构，同样决定着高等教育的结构。两者必须相互适应，相互促进。

第五节　高等教育与区域经济协调发展的路径

在高等教育与区域经济这两个社会子系统中，高等教育一直处于一种"服务者"的角色，自然而然，区域经济一直是以一种"被服务"的服务对象的角色出现。在实现两者协调发展的各种给出的路径中，高等教育可以有更多的作为空间，而区域经济增长更多时候是高等教育有了合适作为之后的一个成果。

至今为止，高等教育与区域经济实现协调发展，虽然许多研究者推出了很多的协调发展方式，但是归根结底学者以及实践者们具有较高认同度的发展路径主要有以下两种形式。虽然有两种形式的区分，但是两种形式的核心都是强调高等教育的主动作为，是高等教育作为的"不同方式的变种"。形式不同，仅在于所重点强调的内容不同：

一、高等教育适度超前发展的路径

高等教育适当超前于经济发展，可以作为实现高等教育与区域经济协调发展的第一条道路。所谓的高等教育适度超前发展，包括两个方面的含义：其一，从纵向上来看，社会用于发展高等教育的投资要适当超越于现有生产力和经济发展状态而超前投入；其二，从横向上来看，教育发展要先于或者优于社会上其他行业和部门而先行发展（柳海民，2000）。

这一协调发展的路径与联合国教科文组织所倡导的现代社会中发展教育，从而促进社会发展的理念是一致的。"现在，教育在全世界的发展正倾向于先于经济发展，这在人类历史上大概还是第一次。"这一协调发展的路径，在我国早在1977年邓小平基于我国国情而提出的长远发展目标之需要时也得以提出和表达，"我们要实现现代化，关键是科学技术要能上去。发展科学技术，不抓教育不行"（邓小平，1983）。

第一，高等教育要"超前"于经济发展。在高等教育与区域经济发展的关系上，存在着"跟随""满足""超前"三种状态。高等教育"跟随"经济发展，即意味着落后于经济发展速度，这样的高等教育发展模式在古代社会、近代社会多有存在。教育后行在古代社会中如"庶富教"的理论，这主要是因为古代社会生产单一、原始，人口素质愚昧落后，社会发展速度极其缓慢，社会发展与变革的进程极其漫长；在近代，比如号称"海上霸主"的日不落帝国的英国，因为很长一段时间内不重视教育，百年之后慢慢在现代社会失去了霸主地位。"满足"经济发展的状态，则如法国、比利时、瑞典、新加坡等国，能保持着高等教育发展与所在区域的同步发展，对教育包括高等教育的发展保持着比较积极的态度，但是也不是强烈关注和高度重视；"超前"发展，如现在的德国、美国、日本，尤其日本高等教育超前发展的实践在世界上最为成功，由教育的发展实现了经济发展的成功。因此，从实践的角度来看，如同日本、德国、美国等国家一样，大力发展高等教育，使之超前于经济发展，不失为实现两者协调度的有效路径。

第二，高等教育要"适度"超前于经济发展。这里所说的"度"，即强调大力发展高等教育使之超前于经济发展，并不是要无限度、无理智地超前发展。假如高等教育脱离经济发展太远，则会反过来伤害经济发展，造成大量资源浪费。适度发展的要求也在实践中被证实。20世纪六七十年代，印度高等教育因为脱离实际需要与可能，盲目追求规模和速度（杨凯，2005）就衍生了一系列的社会问题。

第三，经济发展是适度超前发展的价值体现。实现高等教育适度地超前于经济发展，最终的价值追求是要实现经济的有效增长与发展、促进经济结构调整、质量提升，甚至是具体的创造更多就业岗位，等等。

二、人力资本促进区域经济增长的路径

自从索洛提出了技术进步推动经济增长的索洛模型之后，人们就开始认识到技术进步在促进经济包括区域经济增中的巨大推动作用（Solow Robert M.，1956）。以提升人力资本的方式去推动高等教育与区域经济发展之间的协调性也一直被后来无数的研究者们所提及、认同并应用。

索洛模型虽然提到了人力资本对于推动经济发展的巨大作用，但是在索洛的世界中，人类资本是被当作"余值"处理的。后来的经济学家们在索洛的基础

上，将"余值"的人力资本不断进行着深化和探讨。这种深化性的认识是沿着两条道路展开的。第一，资本积累带动知识积累，从而导致技术进步（K. J. Arrow，1962）；第二，认为技术进步是由人力资本推动的，人力资本的高低直接代表技术进步程度（Lucas R. E.，1988）。

比如日本经济学家宇泽弘文[①]假定，在社会中，除了生产部门之外，还有教育部门这样的非生产部门，教育部门是通过提高生产部门的技术水平而增加经济产出。

美国经济学家罗伯特·卢卡斯（Lucas R. E.，1988）对宇泽的模型所存在的问题进行了修正和改进，建立了自己的人力资本增长模型。卢卡斯特别强调人力资本脱离生产，强调人力资本要通过学校教育而获得的特性，即人力资本是需要通过学校教育的途径，需要专门的时间来建设完成。

保罗·罗默（Romer P.，1990）提出了内生增长模型。罗默认为，技术的革新是经济增长的核心，技术革新是研究的结果，是由负责技术革新的研究人力资本推动的。因此，在内生增长模型中，罗默将经济分为了研究部门、中间产品生产部门、最终产品生产部门三个部门；将生产投入分为了有形资本、非技术劳动、人力资本、技术四个类型。

当然，除了以上几个主流经济学家所提出的模型之外，其他很多经济学家，比如杨小凯和博兰德（Yang X. K. and Borland J.）、杨格（Young A.）、加里·贝克尔（Backer G.）等都在自己的理解中建模，深化技术进步对经济增长的影响。对于即将进入知识经济时代的我们来说，这种通过技术进步从而促进经济增长的方式无疑是极其重要的。经济学家们在持续不断地改进模型，其基础都是强调技术进步是经济持续增长的源泉，也是经济增长方式转变的基础，而技术进行需要人力资本来推动，人类资本的积累需要高等教育来完成。

---

① Uzawa H. Optimum Technical Change in an Aggregative Model of Economic Growth [J]. International Economic Review，1965（6）：18－31.

第三章
吉林省高等教育结构与产业结构的适配性

教育尤其是高等教育对经济增长具有重要的推动作用。高等教育主要通过提高劳动者自身的知识和技能，进而提高人力资本水平和劳动生产率来推动经济增长。高等教育结构包括高等教育层次结构、学科结构和区域结构（张光斗，2013）。鉴于研究问题的需要，本书高等教育结构主要指高等教育层次结构和学科结构。层次结构主要从受教育的年限来体现人力资本水平，学科结构主要从专业层面来体现社会对不同学科专业人才的需求。高等教育更好地推动经济发展的前提是高等教育结构与经济发展的阶段相适应。学科结构直接影响着区域人力资源供给结构；高等教育的层次结构直接决定了人力资本供给的水平。以研发为主的创新活动，对高层次人才的需求尤为突出。高等教育结构直接决定了区域人力资源供给结构和供给水平，并进一步影响区域产业发展的速度与质量。从国外发达国家经济发展的经验来看，每一次产业结构转型升级，都伴随着高等教育结构的先行。高等教育结构与产业结构之间关系密切，不同经济发展阶段主导产业不同，因此所需的人力资本也具有明显的专业性。这就要求高等教育的学科结构能够及时调整，为经济发展提供所需的专业人才。主导产业通过产业关联与其他产业产生前、后向关联，从而影响整个产业结构。如果高等教育结构能够与产业结构相匹配，教育培养的人才就能适应社会发展的需要，推动经济发展。以我国目前处于工业化后期为例，大量需要工科的人才。然而，以"互联网＋"为主的服务经济相对而言更加偏向于复合型人才。吉林省作为东北老工业基地，产业结构以重工业为主，在当前我国经济新常态的背景下，东北经济面临新的结构调整问题，产业结构调整和升级的双重压力，以及东北地区过分依赖固定资产投资，导致近年来东三省经济出现断崖式衰退。在产业结构调整和升级过程中，高等教育扮演着为企业输送人才的重要角色，高等教育结构是否与产业结构相匹配，是企业转型的关键。本书在分析了吉林省高等教育结构和产业结构的基础上，着重考虑了吉林省高等教育结构与产业结构匹配性问题，希冀在吉林省产业结构转型和升级的关键时期，高等教育结构调整为吉林省产业结构转型和升级提供智力支持。

第一节　吉林省高等教育结构和产业结构现状分析

一、吉林省高等教育结构现状

（一）吉林省高等教育层次结构

高等教育的层次结构主要指高等教育各个层次之间的构成和比例关系。国际上通常将教育层次划分为5、6两级（毛盛勇，2010），我国高等教育一般指专科、本科和研究生三个层次。为了能定量描述吉林省高等教育层次结构，同时考虑到数据的可获得性，我们选取吉林省专科生招生数、本科招生数和研究生招生数作为分析。从图3-1中可以看出，吉林省专科招生数整体保持上升的态势，但个别年份表现出波动性。从1999年的14830人增加到2013年的50543人，招生规模扩大了3倍多。本科招生数方面，除2006年略有波动外，本科生招生规模从1999年的37723人扩大到2013年的115705人，数量上扩大了3倍。研究生招生数始终保持快速的增长，1999年研究生招生数仅为3223人，到2013年，研究生招生数扩大到18942人，增长了5倍。从招生数量上看，本科生的招生数量一直居于主导地位，其次是专科生，最后是研究生。从各层次招生数占比来看，历年本科生的招生数几乎占据了高等教育所有招生的60%（2006年除外），但这一比例呈现出波动性变化，但整体有下降的趋势，从1999年到2013年，下降了

5.1 个百分点。专科生招生数占高等教育总招生数比重保持小幅波动，从 1999 年到 2013 年，始终保持在 25.9% ~ 31.7% 内波动。研究生招生数占高等教育总招生数的比重保持逐年增长的态势，从 1999 年的 5.8% 上升到 2013 年的 10.2%，增长了 4.4 个百分点。总的来说，吉林省高等教育基本以本科教育为主、专科教育基本稳定、研究生教育稳中有升的层次结构。

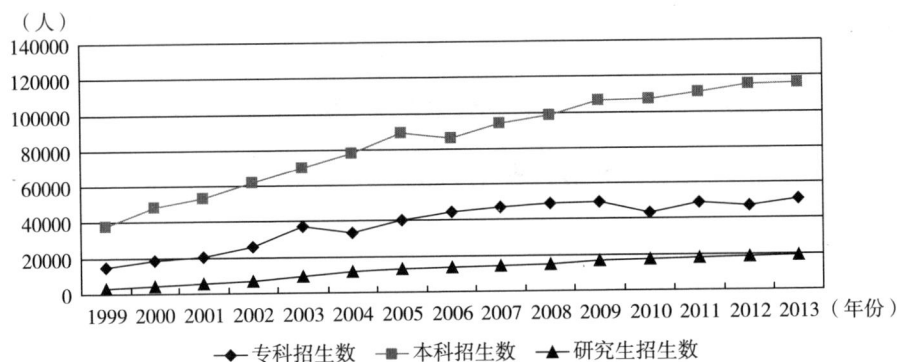

图 3 - 1　1999 ~ 2013 年吉林省专科、本科和研究生招生数走势图

资料来源：笔者依据吉林省统计年鉴（2000 ~ 2014）数据绘制。

表 3 - 1　吉林省专科、本科和研究生招生数和比例

年份	专科招生数	本科招生数	研究生招生数	专科生招生占比（%）	本科生招生占比（%）	研究生招生占比（%）
1999	14830	37723	3223	26.6	67.6	5.8
2000	18721	48244	4465	26.2	67.6	6.3
2001	20618	53028	5828	25.9	66.7	7.3
2002	25864	62104	6919	27.3	65.5	7.3
2003	36887	69955	9590	31.7	60.1	8.2
2004	33283	77879	11983	27.0	63.2	9.7
2005	40350	89043	13258	28.3	62.4	9.3
2006	44599	85966	13931	30.9	59.5	9.6
2007	46897	94134	14452	30.2	60.5	9.3
2008	49147	98481	15054	30.2	60.5	9.3
2009	49674	106241	16845	28.8	61.5	9.8

续表

年份	专科招生数	本科招生数	研究生招生数	专科生招生占比（%）	本科生招生占比（%）	研究生招生占比（%）
2010	43634	107472	17624	25.9	63.7	10.4
2011	48931	111121	17988	27.5	62.4	10.1
2012	47142	115460	18665	26.0	63.7	10.3
2013	50543	115705	18942	27.3	62.5	10.2

资料来源：吉林省统计年鉴（2000～2014）。

（二）吉林省高等教育学科结构

高等教育的学科结构指高等教育机构内部各个不同学科领域的构成及比例关系，我国学科分类经历了多次调整修订，目前调整为 11 个学科门类、249 种专业。这 11 个学科门类为：教育学、经济学、哲学、历史学、法学、文学、理学、医学、工学、农学、管理学（不包括军事学）。从 1999 年高考扩招后，吉林省各学科在校生规模都有一定程度的增长。2013 年，工学、农学、理学、哲学、经管、教育学、历史学、文学、法学、医学在校生人数分别是 1999 年的 2.47 倍、3.66 倍、3.31 倍、2.49 倍、6.39 倍、4.90 倍、5.24 倍、6.02 倍、1.84 倍、3.72 倍。在校生规模增长最快的四个学科依次是经管、文学、教育学和法学。增长幅度最小的是历史学和农学，分别增长了 1.84 倍和 2.47 倍，其次是哲学、工学、理学和医学。从学科在校生规模占比来看，1999 年按比例大小依次是工学 41.39%、经济学和管理学 12.58%、文学 12.37%、理学 10.76%、医学 8.38%、教育 4.47%、农学 3.93%、法学 3.54%、历史 1.83%、哲学 0.21%。经过 14 年的发展，2013 年占比从大到小依次是：工学 33.14%、经管 19.20%、文学 17.80%、理学 9.41%、医学 7.45%、教育学 5.60%、法学 4.15%、农学 2.32%、历史学 0.80%、哲学 0.13%。吉林省高等教育学科结构呈现出如下一些特点：一是各个学科的规模增长存在较大的差异，应用型社会学科的增速如经济学和管理学、文学、教育学和法学要快于理学、工学、医学等自然科学或技术学科，这反映了吉林省经济社会发展对人才需求的特点。二是工学的在校生规模一直在绝对规模和相对规模中保持第一，虽然绝对规模和相对规模有一定的减少，但仍要高于其他学科，反映了吉林工业化推进尤其是作为东北重工业基地对工科人才的需求。从各学科的排序来看，仅仅法学的排序超过了农学，其他排序均未发生变化，总体上看，吉林省高等教育的学科结构没有发生大的变化。

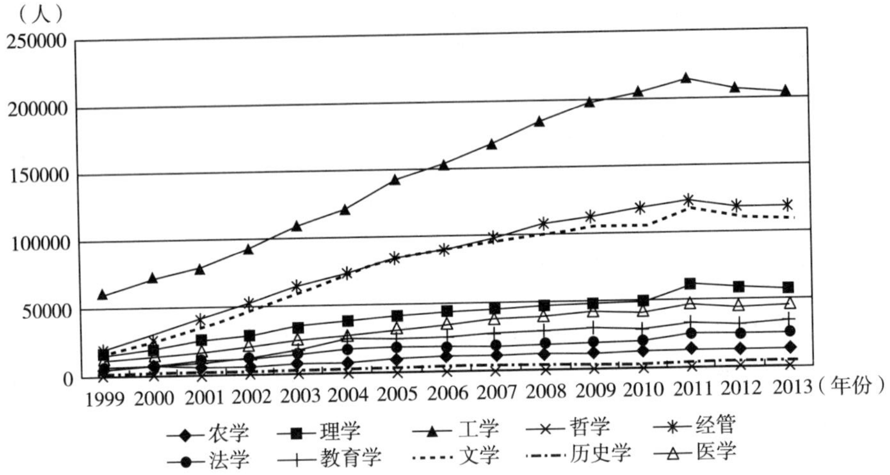

图3-2　吉林省1999~2013年分学科在校学生走势图

资料来源：笔者依据吉林省统计年鉴（1999~2014）数据绘制。

表3-2　吉林省1999~2013年高等教育分学科在校生学科结构

年份	农学	理学	工学	哲学	经管	法学	教育	文学	历史	医学
1999	3.93	10.76	41.93	0.21	12.58	3.54	4.47	12.37	1.83	8.38
2000	3.60	10.70	39.66	0.21	13.70	4.10	4.40	13.94	1.63	8.06
2001	2.62	11.35	34.70	0.20	18.00	4.79	3.79	15.55	1.19	7.81
2002	2.28	10.54	33.52	0.18	19.05	4.66	4.32	17.06	0.97	7.42
2003	2.29	10.14	32.52	0.16	19.15	4.51	5.33	17.68	0.94	7.28
2004	1.99	10.12	31.10	0.15	18.87	4.50	6.57	18.68	0.93	7.09
2005	2.23	9.46	32.33	0.15	18.92	4.16	5.51	19.16	0.83	7.26
2006	2.32	9.39	32.44	0.15	19.01	3.93	5.38	19.12	0.83	7.43
2007	2.30	8.99	32.91	0.14	19.44	3.70	5.40	18.88	0.76	7.48

年份	农学	理学	工学	哲学	经管	法学	教育	文学	历史	医学
2008	2.19	8.63	33.75	0.12	19.74	3.57	5.42	18.52	0.74	7.30
2009	2.17	8.44	34.42	0.12	19.78	3.45	5.25	18.38	0.67	7.33
2010	2.18	8.40	34.78	0.11	20.18	3.50	4.98	18.00	0.65	7.21
2011	2.29	9.64	33.23	0.12	19.17	4.03	5.21	18.27	0.80	7.25
2012	2.29	9.62	33.40	0.12	19.22	4.06	5.20	18.09	0.81	7.18
2013	2.32	9.41	33.14	0.13	19.20	4.15	5.60	17.80	0.80	7.45

资料来源：吉林省统计年鉴（1999~2013）。

高等教育分学科在校生为专科生、本科生和研究生的汇总，2011 年、2012 年、2013 年统计年鉴没有统计专科生在校生数，通过本专科在校生总数和各学科历年占比的平均数求得。2002 年以前，管理学是含在经济学科中的学科，为了前后一致，本书将 2002 年及以后的经济学和管理学在校生的数据进行了合并。表格中数据为百分比。

二、吉林省产业结构现状

从图 3-3 可以看出，1999~2013 年，吉林省产业结构中第一产业在国民经济中的比重逐年下降；第二产业比重逐年上升，但近年来比重有所下降；第三产业比重先上升后下降且近年来有上升趋势。第一产业比重从 1999 年的 25.8% 下降到 2013 年的 11.3%，第二产业比重在 2003 年以前几乎与第三产业并驾齐驱，随着振兴东北老工业基地战略的实施，吉林省第二产业比重逐年上升，并在 2010 年以后，第二产业比重占地区国内生产总值的比重超过 50%。第三产业在 1999~2002 年经历了一个小幅上升的时期，并从 2003 年开始，第三产业比重有所下降，2009 年以后有明显下降，但 2013 年较 2012 年有所上升。总体来看，吉林省产业结构受到两次重要事件的影响，其一是 2003 年振兴东北老工业基地，其二是 2009 年受世界金融危机影响后我国四万亿投资刺激计划。这两次事件都在一定程度上巩固并提升了吉林省以重工业为主的产业结构。

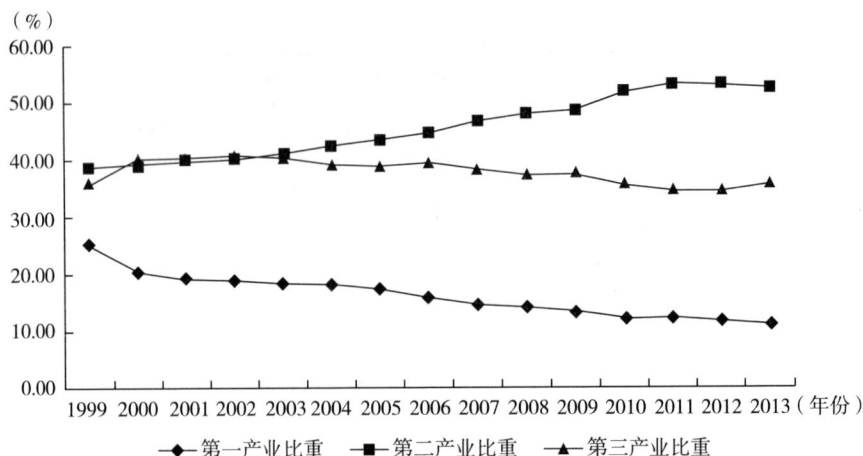

图3-3　吉林省1999~2013年三次产业结构演变

资料来源：笔者依据吉林省统计年鉴（1999~2014）数据整理绘制。

第二节　吉林省高等教育学科结构与产业结构适配情况定量分析

高等教育学科结构主要通过培养不同学科人才来改变人力资本供给结构，进而来影响产业结构。人力资本结构供给结构的改变一方面会改变劳动力的就业市场，就业市场与产业结构紧密关联，另一方面人力资本结构的差异性会造成知识和技术创新在不同产业间的差异，继而引领产业结构的变化（吴雯雯、曾国华，2015）。为了研究吉林省高等教育学科结构与产业结构之间的关系，对1999~2013年吉林省高等教育学科结构与产业结构进行统计分析。高等教育学科结构指标用分学科在校生数来表示，产业结构用第一产业、第二产业和第三产业占区域地区生产总值来表示（数据来源于历年吉林省统计年鉴）。

典型相关分析（canonical correlation analysis）就是利用综合变量对之间的相关关系来反映两组指标之间的整体相关性的多元统计分析方法。典型相关分析借用主成分分析的思想，根据变量间的相关关系，寻找一个或少数几个综合变量

（原始变量的线性组合）对来替代原变量，从而将两组变量的关系集中到少数几对综合变量的关系上（张文彤和董伟，2014）。相比简单相关系数和偏相关系数矩阵，典型相关分析可以从整体上把握各个变量之间的关系。采用 SPSS 专门提供的宏程序拟合，即 Canonical correlation. sps，分析结果如下：

由表 3 - 3 的结果可以看出，吉林省高等教育学科结构指标和产业结构指标之间的相关系数很高，几乎都在 0.8 以上，仅哲学与二产的相关性略小，为 0.7780，说明两者之间存在相关关系。

表 3 - 3　吉林省高等教育学科结构和产业结构之间的相关系数

	VAR11	VAR12	VAR13
VAR1	0.9940	0.9176	0.9361
VAR2	0.9111	0.8836	0.9042
VAR3	0.9155	0.8841	0.9092
VAR4	0.8172	0.7780	0.8135
VAR5	0.8775	0.8424	0.8730
VAR6	0.8887	0.8637	0.8858
VAR7	0.8625	0.8194	0.8517
VAR8	0.8610	0.8202	0.8524
VAR9	0.9331	0.9122	0.9178
VAR10	0.9063	0.8723	0.9009

注：VAR1 表示农学，VAR2 表示理学，VAR3 表示工学，VAR4 表示哲学，VAR5 表示经济学和管理学，VAR6 表示法学，VAR7 表示教育学，VAR8 表示文学，VAR9 表示历史学，VAR10 表示医学，VAR11 表示一产比重，VAR12 表示二产比重，VAR13 表示三产比重。

资料来源：笔者依据吉林省统计年鉴（1999～2014）数据计算所得。

表 3 - 4 得到了典型相关系数、显著性状况，从典型相关系数的估计值我们可以看到如下结果：第一典型相关系数为 0.997，均比吉林省高等教育学科结构和产业结构指标两组间的任何一个相关系数大，即综合的典型相关分析效果好于简单的相关分析。结合对系数的检验结果，具体采用的是 Bartlett 卡方检验，零假设为对应的总体典型相关系数为 0。从检验的结果可以看出，第一典型相关系数的检验 P 值为 0，故这一典型相关变量具有相关的统计学意义。然而第二和第

三典型相关系数均无统计学意义。因此吉林省高等教育学科结构和产业结构指标的相关性可以简化为研究第一典型相关变量之间的关系。

由表3-5和表3-6的输出结果可知，来自高等教育学科结构的典型变量计算公式为

$$U1 = -0.149 \times VAR1 + 0.214 \times VAR2 - 3.180 \times VAR3 - 0.959 \times VAR4 + 0.114 \times VAR5 - 1.286 \times VAR6 - 0.977 \times VAR7 + 5.556 \times VAR8 + 0.318 \times VAR9 - 0.587 \times VAR10$$

来自产业结构的典型变量计算公式为

$$V1 = 1.314 \times VAR11 - 0.152 \times VAR12 - 2.152 \times VAR13$$

表3-4　典型相关系数及显著性

典型相关变量组	典型相关系数	Wilk's 检验	Chi-SQ 检验	自由度	显著性
1	0.997	0.000	62.964	30	0.000
2	0.954	0.022	26.849	18	0.082
3	0.873	0.239	10.030	8	0.263

资料来源：经笔者计算整理所得。

表3-5　吉林省高等教育学科结构典型变量的系数分析

	U1	U2	U3
VAR1	-0.149	-5.019	-0.083
VAR2	0.214	-7.866	-7.630
VAR3	-3.180	-2.776	3.315
VAR4	-0.959	-0.192	2.242
VAR5	0.114	-3.676	-0.280
VAR6	-1.286	1.849	7.210
VAR7	-0.977	-1.668	0.167
VAR8	5.556	4.389	-8.703
VAR9	0.318	1.727	-1.405
VAR10	-0.587	13.501	4.959

注：U 代表吉林省高等教育学科结构典型变量。

资料来源：同表3-4。

表3-6 吉林省产业结构典型变量的系数分析

	V1	V2	V3
VAR11	1.314	2.387	-11.831
VAR12	-0.152	-11.925	0.640
VAR13	-2.152	9.509	11.041

注：V代表吉林省产业结构典型变量。

资料来源：同表3-4。

从第一对典型变量中可以看出，高等教育学科结构的系数较大的是工学、法学和文学，且系数为负，即这些学科的在校生人数越少，高等教育学科结构越合理，从侧面反映了在高等教育学科结构中，这三个学科在校生占比较大。产业结构的系数较大的是一产占比和三产占比，且一产占比的系数为正，三产占比的系数为负，如表3-7所示。

表3-7 典型结构分析

	高等教育学科结构典型变量 U		
	U1	U2	U3
VAR1	-0.916	0.222	-0.281
VAR2	-0.885	0.247	-0.264
VAR3	-0.891	0.302	-0.259
VAR4	-0.797	0.428	-0.215
VAR5	-0.856	0.367	-0.233
VAR6	-0.872	0.256	-0.206
VAR7	-0.826	0.404	-0.316
VAR8	-0.830	0.398	-0.286
VAR9	-0.890	0.081	-0.369
VAR10	-0.883	0.344	-0.248
	产业结构典型变量 V		
	V1	V2	V3
VAR11	-0.981	0.002	-0.193
VAR12	-0.989	-0.078	-0.126
VAR13	-0.994	0.007	-0.109

资料来源：经笔者计算整理所得。

典型结构分析的是原始变量和典型变量之间的相关性。由前文的分析可知，仅第一对典型变量有统计意义，因此只考虑第一对典型变量。在第一对典型变量中，所有高等教育学科结构的变量和产业结构的指标呈负相关关系。VAR2（理学）、VAR5（经济学和管理学）、VAR8（文学）、VAR9（历史学）与 U1 的典型相关系数和相关系数符号相反，而 VAR11（一产比重）与 V1 的典型相关系数和相关系数符号相反，因此 VAR2、VAR5、VAR8 和 VAR9 可以看作是在这两组中的一个校正变量，可以看作是 VAR2、VAR5、VAR8 和 VAR9 对 U1 影响的一个修正。同理 VAR11 可以看作是对 V1 的一个修正。

综上所述，吉林省高等教育学科结构与产业结构之间存在一对典型相关变量，且两者之间的相关系数非常高，达到 0.997。即吉林省高等教育学科结构与产业结构之间高度正相关，高等教育学科结构与产业结构之间适配性很好。

第三节　吉林省高等教育层次结构与产业结构适配情况定量分析

吉林省高等教育层次结构与产业结构相关程度如何？按照钱纳里的标准产业结构，随着经济的不断增长，国民经济中第二产业和第三产业的比重将不断增加，产业结构的调整将会对高等教育层次需求发生改变。发达国家的发展经验表明，工业化进程不断深化时，社会对偏向技能和应用型的人才需求越旺盛。为了能比较准确地反映吉林高等教育层级结构与产业结构的相关关系，我们参考毛盛勇（2010）的做法，分别选取专科比（专科招生数占本专科招生数之比）、本科比（本科招生数占本专科招生数之比）作为反映高等教育层次结构的指标，第二产业增加值占 GDP 的比重、第三产业增加值占 GDP 的比重作为反映产业结构的指标进行皮尔森相关分析（毛盛勇，2010）。从表 3-1 中可以看出，吉林省本科生招生规模自 1999 年高校扩招后一直高于专科，但专科生招生规模的增长速度要快于本科，高等教育的层级结构表现出一定的波动性。结果见表 3-8。

分析的结果显示（见表 3-9），吉林省高等教育本科比例与二产比例、三产比例的相关系数为负值，专科比例与二产比例、三产比例的相关系数虽然为正值，但相关性很弱，并没有通过显著性检验，因此无法证明吉林省高等教育层次结构与产业结构存在相关关系。二者相关性不显著的原因在于吉林省产业结构调整速度要快于高等教育层次结构调整。1999～2013年，吉林省二产比重提高了将近14个百分点，而同期高等教育层次结构中本科比仅变动了2个百分点。

表 3 - 8　吉林省高等教育层次结构与产业结构相关系数

		二产比例	三产比例
本科比例	相关系数	- 0. 1336	- 0. 1864
	P 值	0. 6350	0. 5058
专科比例	相关系数	0. 1336	0. 1864
	P 值	0. 6350	0. 5058

资料来源：经笔者计算整理所得。

表 3 - 9　吉林省1999～2013年高等教育本专科结构与第二、三产业结构

年份	本科招生数	专科招生数	本专科招生数	本科比（％）	专科比（％）	二产占比（％）	三产占比（％）
1999	37723	14830	52553	71. 78	28. 22	38. 91	35. 91
2000	48244	18721	66965	72. 04	27. 96	39. 40	40. 17
2001	53028	20618	73646	72. 00	28. 00	40. 21	40. 50
2002	62104	25864	87968	70. 60	29. 40	40. 17	40. 83
2003	69955	36887	106842	65. 48	34. 52	41. 26	40. 40
2004	77879	33283	111162	70. 06	29. 94	42. 59	39. 19
2005	89043	40350	129393	68. 82	31. 18	43. 67	39. 05
2006	85966	44599	130565	65. 84	34. 16	44. 80	39. 46
2007	94134	46897	141031	66. 75	33. 25	46. 84	38. 33
2008	98481	49147	147628	66. 71	33. 29	48. 20	37. 54
2009	106241	49674	155915	68. 14	31. 86	48. 66	37. 87
2010	107472	43634	151106	71. 12	28. 88	51. 89	35. 89
2011	111121	48931	160052	69. 43	30. 57	53. 09	34. 82
2012	115460	47142	162602	71. 01	28. 99	53. 41	34. 76
2013	115705	50543	166248	69. 60	30. 40	52. 81	35. 89

资料来源：吉林省统计年鉴（2000～2014）。

第四节　简短的结论

通过上述分析可以发现，吉林省高等教育学科结构与产业结构之间存在良好的适配性，高等教育学科的调整与产业结构的调整基本同时，学科结构很好地适应了社会经济的发展。然而吉林省高等教育层次结构存在一定的滞后性，同时与吉林省产业结构的相关性不显著，产业结构的调整速度要快于高等教育层次结构的调整。

第四章
吉林省高等教育的效率及对经济增长的贡献率

第一节　吉林省高等教育的效率

《吉林省中长期教育改革和发展规划纲要（2010—2020 年）》中指出，吉林省高等教育已经进入大众化阶段，但高等学校长期负债运行影响活力发挥，为地方经济社会发展服务的能力有待提升。吉林省高等教育从总量上看在全国位于前列，但高校在大力发展教育的同时，难免出现粗放式发展，注重在数量上的大规模，而忽视了高等教育质量的提高。加上高等院校在投入上存在负债影响，在强调高等教育由外延式向内涵式发展的趋势下对高等教育投入效率的探讨则显得更加重要。以往关于吉林省高等教育效率研究的文献较少，在本章中，将采用数据包络分析（DEA）方法，对吉林省 1999～2011 年的高等教育投入效率时间序列分析，真实地展示出吉林省高等教育的发展情况，从纵向时间上对吉林高等教育的效率进行对比分析。

一、理论模型和指标建立

A. Chames 等（1978）以单输入单输出的工程效率概念为基础提出了第一个

DEA 模型——C^2R 模型。

（一）C^2R 模型

设有 n 个生产决策单元 DMU_j（$j=1$，2，$\cdots$，n），每个 DMU 都有 m 种类型的输入（表示对资源的耗费）$x_j = (x_{1j}, x_{2j}, \cdots, x_{mj})^T$ 以及 s 种类型的输出（表明成效的信息量）y_j（y_{1j}，y_{2j}，$\cdots$，y_{mj}）^{T}，则第 j_0 个 DMU 的效率评估模型：

$$\min\{\theta\},$$

$$s.\,t.\ \sum_{j=1}^{n} X_j\lambda_j + S^- \leqslant \theta X_{j_0},$$

$$\sum_{j=1}^{n} Y_j\lambda_j - S^+ \leqslant Y_{j_0},$$

$$\lambda_j \geqslant 0,\ S^- \geqslant 0,\ S^+ \geqslant 0$$

其中，θ 表示投入缩小比率，λ 表示决策单元线性组合的系数，松弛变量 S^- 和 S^+。其对偶形式为：

$$\max\{\alpha\},$$

$$s.\,t.\ \sum_{j=1}^{n} X_j\lambda_j + S^- \leqslant X_{j_0},$$

$$\sum_{j=1}^{n} Y_j\lambda_j - S^+ \geqslant \alpha Y_{j_0},$$

$$\lambda_j \geqslant 0,\ S^- \geqslant 0,\ S^+ \geqslant 0$$

其中，α 表示扩大比率。若 $\alpha^* = 1$，且 $S^{-*} = S^{+*} = 0$，则称 j_0 单元为 DEA 有效；若 $\alpha^* = 1$，S^{-*}、S^{+*} 存在非零值，则称 j_0 单元为 *DEA* 弱有效；若 $\alpha^* > 1$，则称 j_0 单元为 *DEA* 无效。投入和产出的 *CCR* 模型评价结果一致，即 $\theta^* = 1/\alpha^*$。

该 DEA 模型是在生产可能集 T = $\{(X, Y)/$产出 Y 可由投入 X 生产出来$\}$ 满足以下公理性假设：凸性、锥性、无效性和最小性的条件下。

（二）BCC 模型

R. D. Banker 等（1984）从公理化的模式出发给出了另一个刻画生产规模与技术有效的 DEA 模型——BCC 模型。生产可能集的锥性假设有时是不现实或不合理的，因此去掉该项假设。当生产可能集 T 只是满足凸性（加入条件 $\sum \lambda_j = 1$）、无效性和最小性时，便可得到满足规模收益可变的 BCC 模型：

$$\min \left[\theta - E\left(e^T s^- + e^T s^+\right)\right],$$

$$\text{s. t. } \sum X_j \lambda_j + S^- = \theta X_0,$$

$$\sum_1 Y_j \lambda_j - S^+ = Y_0,$$

$$\sum \lambda_j = 1$$

$$\lambda_j \geq 0, \ S^- \geq 0, \ S^+ \geq 0; \ j = 1, \ 2, \ \cdots, \ n$$

式中，E 为阿基米德无穷小，e 为元素为 1 的向量。这种模型单纯评价 DMU 的技术有效性，其对偶形式为

$$\max(\mu^T Y_0 - u_0)$$

$$\text{s. t. } \mu^T Y_j - \omega^T X_j - u_0 \leq 0$$

$$\omega^T X_0 = 1$$

$$\omega \geq E, \ \mu \geq E, \ \mu_0 \text{ is free}$$

式中，u_0 为规模收益指示量，若 u_0^* 为对偶式的最优值，$u_0^* < 0$，则规模收益递增；$u_0^* = 0$，则规模收益不变；$u_0^* > 0$，则规模收益递减。

二、基于模型的评价指标建立和数据收集

（一）模型投入产出指标

利用 DEA 模型对吉林省高等教育效率研究时，首先需要确定的是各项投入和产出指标，以便能够对吉林省高等教育效率进行客观评价。教育投入资源的种类繁多，且各种资源的投入标准不一。考虑到投入资源和产出之间的相关性，同时兼顾数据的可获得性，在运用 DEA - Malmquist 指数对吉林省高等教育效率研究时将教育投入分为人力和财力投入两方面。其中，人力指标包括专任教师数和高校其他教职工，主要考察业务教师和辅助功能教师在促进高等教育产出方面的合理性；财力投入指标是高等教育经费支出，主要包括个人部分和共用部分，涉及基本工资、补助工资、福利费、社会保障费、奖贷助学金、公务费、业务费、

社会购置费、修缮费、业务招待费等，目的是为了考察教育经费支出的合理性。产出指标在综合考虑高等教育培养人才、科学研究以及服务社会的三大职能基础上，为了保证数据的可获得性和连续性，选取普通高等学校毕（结）业生数和公开发表的论文数为主要产出指标。综上，构建出了如下高等教育投入产出指标体系（见表4-1）。

表4-1 吉林省高等教育投入产出指标体系

投入指标	人力投入	专任教师（人）
		教职员工（人）
	财力投入	高等教育经费支出（千元）
产出指标	毕业生数（人）	
	公开发表论文数（篇）	

（二）数据收集

本书的起始时间选取高考扩招的元年1999年，截止时间为2011年。数据来源于《吉林统计年鉴》（2000~2012），国家统计局网站，《中国教育经费统计年鉴》（2000~2012）。吉林省高等教育投入和产出的数据见表4-2。从表4-2中可以看出，自高考扩招以来至2011年这13年间，无论是教育投入指标还是产出指标均有大幅度提升。其中专任教师数增加了20400人，教职工数增加了2700人，高等教育经费支出增加了152.54亿元，论文数是1999年的7.8倍，高校毕（结）业生数是1999年的4.7倍。这些数据可以粗略地反映出吉林省高等教育在稳步发展中，然而对吉林省高等教育属于粗放式发展还是内涵式发展，需要对高等教育投入和产出资源进行详细的分析，并对历年的发展方式进行纵向比较分析。

三、实证分析

利用DEAP2.1软件，对吉林省高等教育投入产出数据进行分析，得到的结果如表4-3所示。以1999年为基期，其Malmquist指数为1，从表4-3中可以

表 4 – 2　1999~2011 年吉林省高等教育资源投入和产出数据

年份	专任教师数（人）	教职工数（人）	高等教育经费支出（千元）	论文数（篇）	普通高等学校毕（结）业生数（万人）
1999	15200	23100	1142420	38924	3.03
2000	17500	24300	1426673	41895	3.05
2001	18200	24700	1727418	49817	3.48
2002	20000	24500	2084263	62592	3.78
2003	21800	25200	2474645	80563	5.26
2004	25000	24900	2960903	95632	6.5
2005	28100	26600	5809228	152825	8.4
2006	29900	26800	6341053	171748	10.25
2007	31700	26800	8361882	196629	10.87
2008	32500	26600	9596049	240086	11.79
2009	33200	26300	11268504	253982	12.74
2010	34000	25800	12433793	320354	13.6
2011	35600	25800	16396526	303246	14.16

资料来源：《中国教育经费统计年鉴》（2000~2012）。

看出，其后 12 年吉林省高等教育的 Malmquist 指数分别为 0.908、1.050、1.068、1.211、1.114、0.993、1.117、0.960、1.080、0.990、1.115、0.865，均值为 1.035。说明在 2000 年、2005 年、2007 年、2009 年和 2011 年 Malmquist 指数均有一定幅度的下降，其中 2011 年 Malmquist 指数下降的幅度最大，下降了 13.5%。这些年份 Malmquist 指数下降的原因均在于技术效率的退步，并导致资源配置效率的下降。然而其余年份的 Malmquist 指数均表现出上升的态势，尤其是 2003 年，上升了 21.11%。技术效率的提升是促使 Malmquist 指数上升的原因。规模效率和纯技术效率始终保持不变。从整体上看，1999~2011 年，吉林省高等教育的 Malmquist 指数为 1.035，意味着这段时间内吉林省高等教育的效率是提升的，上升了 3.5 个百分点。

表 4 – 3　1999～2011 年吉林省高等教育 Malmquist 指数

年份	effch	techch	pech	sech	Malmquist 指数
1999～2000	1	0.908	1	1	0.908
2000～2001	1	1.050	1	1	1.050
2001～2002	1	1.068	1	1	1.068
2002～2003	1	1.211	1	1	1.211
2003～2004	1	1.114	1	1	1.114
2004～2005	1	0.993	1	1	0.993
2005～2006	1	1.117	1	1	1.117
2006～2007	1	0.960	1	1	0.960
2007～2008	1	1.080	1	1	1.080
2008～2009	1	0.990	1	1	0.990
2009～2010	1	1.115	1	1	1.115
2010～2011	1	0.865	1	1	0.865
均值	1	1.035	1	1	1.035

资料来源：经笔者计算整理所得。

四、简短的结论

通过对吉林省高等教育投入和产出指标的设定，并利用 DEA – Malmquist 指数分解的方法测度了吉林省高等教育 1999～2011 年的效率变化。从分解的结果来看，吉林省高等教育效率在这 13 年间，整体表现出提高的态势，个别年份的效率值表现出一定的波动，技术效率的提高是促进吉林省高等教育提高的主要因素。

第二节　吉林省高等教育对经济发展的贡献率

一、理论推导

基本的柯布—道格拉斯生产函数表达式如下：

$$Y = AK^{\alpha}L^{\beta} \qquad\qquad (4-1)$$

式中，A、K、L 分别代表技术水平常数、资本和劳动。假设经济处于完全竞争市场条件下，且规模报酬不变。α 是资本的产出弹性系数，β 是劳动的产出弹性系数，且 $\alpha > 0$，$\beta > 0$，$\alpha + \beta = 1$。将教育作为对劳动力的作用因素加入到上述模型中去，假设初始劳动为 L_0，用教育 E 与初始劳动 L_0 的乘积代替原模型中的 L，得到下面的方程：

$$Y = AK^{\alpha}(L_0 \times E)^{\beta} \qquad\qquad (4-2)$$

对式（4-2）两边取对数，可以得到：

$$y = c + \alpha \times k + \beta \times l + \beta \times e \qquad\qquad (4-3)$$

式中，y、c、k、l、e 分别代表产出、技术进步、资本劳动、教育的增长率。由式（4-3）我们可以得到教育对经济增长的贡献率：

$$R_e = \frac{\beta \times e}{y} \qquad\qquad (4-4)$$

通过式（4-4）我们可以计算教育对经济增长的贡献率。式（4-4）涉及三个变量 β、e 和 y，其中 y 是经济增长率，较常用的衡量经济增长率的两个变量为 GNP 的增长率和 GDP 的增长率，丹尼森和麦迪逊就是采用 GNP 的增长率来衡量经济增长的。由于我国统计口径的原因，本书采用 GDP 的实际增长率作为经济增长的衡量标准。β 是劳动的产出弹性，不同区域由于其经济结构不同，经济发展水平不同，劳动的产出弹性也表现出差异性。丹尼森 20 世纪 60 年代估算的美国经济的 β 值为 0.73，麦迪逊采用的 β 值为 0.7，通常认为 β 的取值范围为 0.7 ~ 0.8。本书采用 β 值的经验值为 0.73。e 代表教育投入的增长率，教育投入涉及教师资源与教学相关的各种设备、资本等的投入，实际核算具有难度。通行的办法是用教育综合指数的增长率 E 作为替代变量来衡量教育投入的增长率。教育综合指数反映的是某年、某国家（或某地区）劳动者人均受教育程度的状况，它以劳动者受某一级教育为基准，按照一定的劳动简化率折算人均受教育程度。它与教育投入之间具有很强的正相关性。因此教育综合指数增长率 E 作为 e 的替代变量是合理的。这样，式（4-4）就变成

$$R_e = \frac{0.73E}{y} \qquad\qquad (4-5)$$

只要计算出教育综合指数增长率 E 和 GDP 的实际增长率 y 就能得到教育对

经济增长的贡献率。

二、吉林省高等教育对经济增长的贡献率

(一) 平均受教育年限的计算

鉴于我国从业人员人均受教育年限的准确数据无法得到，我们利用受教育程度人口百分比来间接计算。根据 2002 年和 2013 年《中国劳动统计年鉴》统计数据，为计算方便，将大学专科、大学本科、研究生及以上学历就业人员比例合并统计为大专及以上。表 4 - 4 为全国和吉林省 2001 年和 2012 年从业人员文化程度分布百分比。从该表中可以看出，2001 年吉林省大专及以上从业人员占人口比重高于全国水平 1.3 个百分点。然而 2012 年吉林省大专及以上从业人员占人口比重低于全国水平 0.16 个百分点。整体而言，2001 ~ 2012 年吉林省从业人员受高等教育占人口比重增长速度低于全国水平。为计算高等教育、中等教育和初等教育的平均年限，对我国各级受教育年限规定如下：小学 6 年 (N_1)，初中 3 年 (N_2)，高中 3 年 (N_3)，大专以上 4 年 (N_4) (在我国，专科学校的学习年限为 3 年，本科大部分专业为 4 年，医学等极个别专业的学习年限为 5 年，为计算方便，假设大专及以上均为 4 年)。按照崔玉平[①]，杨天平、刘召鑫[②]等的计算方法，人均受教育年限为

$$Y_i = N_i \sum X_i \tag{4-6}$$

其中，X_i 为各级受教育程度百分比。这样得到全国和吉林省 2001 年和 2012 年人均受教育年限如表 4 - 5 所示。从表 4 - 5 中可以看出，2001 年吉林省人均受高等教育年限整体上要高于全国平均水平，高出全国平均 0.052 年。然而 2012 年高等教育年限低于全国平均水平，从人均受高等教育年限增长率低于全国平均水平。

---

① 2000 年在北京师范大学学报 (人文社会科学版) 第一期发表《中国高等教育对经济增长率的贡献》，文中采用丹尼森和麦迪逊的算法计算了我国 1982 ~ 1990 年高等教育对经济增长的贡献率，发现我国高等教育对经济增长贡献率远低于发达国家。

② 在《高校教育管理》2014 年第 3 期发表《中国高等教育对经济增长贡献率的分析比较》，该文基于柯布—道格拉斯生产函数构建模型，结合教育综合指数法，对中国高等教育对经济增长的贡献率进行测算。

表 4 - 4　全国和吉林省 2001 年和 2012 年从业人员受教育程度分布百分比

省份	年份	大专及以上	高中和中专	初中	小学	文盲和半文盲
全国	2001	5.60	13.50	42.30	30.90	7.80
	2012	13.66	17.09	48.31	18.98	1.97
吉林	2001	6.90	17.90	45.80	27.70	1.70
	2012	13.50	13.50	51.03	20.74	1.23

资料来源:《中国劳动统计年鉴》(2002、2013)。

表 4 - 5　全国和吉林省 2001 年和 2012 年人均受教育年限

省份	年份	大专及以上	高中和中专	初中	小学
全国	2001	0.224	0.573	1.842	5.538
	2012	0.546	0.922	2.372	5.882
吉林	2001	0.276	0.744	2.118	5.898
	2012	0.540	0.810	2.341	5.926

资料来源:经作者计算整理所得。

(二) 人均受教育综合指数及其年均增长率的计算

教育投入量的年均增长率在核算上具有难度,较为普遍的做法是利用教育综合指数的年均增长率作为替代变量来代替教育投入量的年均增长率。人均教育综合指数的计算公式:

$$W = \sum L_i S_i \qquad\qquad (4-7)$$

其中,L_i 为劳动简化率。劳动者受教育程度与其年均收入呈正相关关系,受教育程度越高,其年均收入也越高。因此受教育程度越高,劳动简化率也越高。参考李天洪 (2001) 的标准,计算起点是人均受小学教育年限,将小学文化程度的劳动简化率定为 1,初中、高中和中专、大专以上文化程度的劳动简化率分别为 1.2、1.4 和 2。这样,利用劳动简化率可以计算人均受教育综合指数如表 4 - 6 所示。计算结果显示,2001 年吉林省人均受教育综合指数高于全国水平,达到 10.033 年,高出全国约 1 年。2012 年吉林省人均受教育综合指数则低于全国水平。

表 4 – 6 2001 年和 2012 年人均教育综合指数对比

年份	全国	吉林
2001	8.999 年	10.033 年
2012	11.112 年	10.949 年

资料来源：经笔者计算整理所得。

采用几何平均法，可以得到教育综合指数的年均增长率 E。为了考察高等教育占教育综合指数年均增长率的比重 E_h，先计算 E_h，其计算公式如下：

$$E_h = \frac{E - E_1}{E} \qquad\qquad (4 - 8)$$

其中，E_1 为除去高等教育后，教育综合指数的年均增长率。具体 2001 ~ 2012 年教育综合指数年均增长率 E 和高等教育占教育综合指数年均增长率的比重 E_h（见表 4 – 7）。表 4 – 7 还给出了人均受高等教育年数年均增长率。2001 ~ 2012 年吉林省教育综合指数年均增长率和人均受高等教育年数年均增长率均低于全国水平。2001 ~ 2012 年吉林省高等教育占教育综合指数年均增长率的比重要高于全国水平，达到 54.18%。

表 4 – 7 2001 ~ 2012 年教育综合指数年均增长率指标对比

指标	全国	吉林
教育综合指数年均增长率（%）	1.94	0.80
人均受高等教育年数年均增长率（%）	4.35	3.26
高等教育占教育综合指数年均增长率的比重（%）	25.04	54.18

资料来源：经作者计算整理所得。

（三）GDP 的年均增长率的计算

利用中国统计年鉴的统计数据，我们汇总得到全国和吉林省历年 GDP 实际增长率（见表 4 – 8）。2001 ~ 2012 年吉林省平均 GDP 实际增长率要高出全国水平。2001 ~ 2012 年吉林省 GDP 年均实际增长率最高达到 12.80%，高出全国 2.50%。

表4-8 全国和吉林省历年 GDP 实际增长率

年份	全国（%）	吉林（%）
2001	8.07	9.30
2002	9.54	9.50
2003	10.47	10.20
2004	10.47	12.20
2005	10.85	12.10
2006	13.28	15.00
2007	14.68	16.10
2008	10.05	16.00
2009	8.38	13.60
2010	10.33	13.80
2011	8.93	13.80
2012	8.52	11.97
均值	10.30	12.80

资料来源：《中国统计年鉴》（2002~2013）。

（四）2001~2012 年教育以及高等教育对 GDP 实际增长的贡献率的计算

利用上面的计算结果和公式（4-5），可以计算得到教育对 GDP 实际增长的贡献率。前述我们得到高等教育占教育综合指数年均增长率的比重 E_h，所以高等教育对经济增长的贡献率可以通过下式得到

$$R_{eh} = R_e \times E_h \tag{4-9}$$

具体计算结果见表4-9。2001~2012 年教育对经济增长的贡献率的全国平均水平为 13.72%，吉林省教育对经济增长的贡献率远低于全国平均水平，吉林省教育对经济增长的贡献率整体偏低，这与东北老工业基地不无关系，作为老工业基地，经济增长方式主要还是通过投入大量的设备和基础设施建设来拉动经济，而非依靠技术创新和提高劳动者素质来加快经济发展。

三、简短的结论

通过对吉林省 2001~2012 年吉林省高等教育和经济增长统计数据分析，可

以看出：第一，吉林省教育综合指数年均增长率和人均受高等教育年数年均增长率与全国平均水平相比较低。高等教育发展水平表现出较低的增长速度。虽然吉林省高校数量众多，培养了大批毕业生，但毕业后留在吉林省从事工作的人数较少，属于进小于出。吉林省高等教育占教育综合指数年均增长率的比重较高，说明排除高等教育后教育综合指数的年均增长率较低，高等教育对教育综合指数年均增长率的影响较大。第二，吉林省教育和高等教育对经济增长的贡献率较低，远低于全国水平，但高等教育在整体贡献率中占比较高。

表 4 - 9   2001~2012 年教育与高等教育对 GDP 年均增长率的贡献率对比

指标	全国（%）	吉林（%）
教育对 GDP 年均增长率的贡献率	13.72	4.55
高等教育对 GDP 年均增长率的贡献率	3.44	2.46

资料来源：经笔者计算整理所得。

第五章

吉林省高等教育与区域经济发展的整体协调性

在本章中，将从两个角度对吉林省高等教育与区域经济发展的整体协调度进行测度。第一个角度为从吉林省历时态的数据分析的角度，通过构建综合指标评价体系，来探索吉林省高等教育与区域经济的协调度，以及协调发展的态势；第二个角度为从全国 31 个省份横向比较的角度，探索性地分析吉林省高等教育与区域经济协调度在全国比较的视角所处的水平及类型。

第一节　高等教育与区域经济发展的协调性：
吉林省内的视角

一、评价的基本思路

高等教育与经济发展水平之间的关系是教育与经济之间关系的一个部分，主要涉及规模、结构、效益、水平等多个方面的关系，比较复杂。因此，要评价二者之间的关系，首先要提炼出具体的评价指标，即寻找出高等教育与经济发展水平之间协调发展的途径及影响两者关系发展的主要驱动因子。单一指标只能从某方面反映一个区域的高等教育和经济发展水平，为全面反映某区域的高等教育发展水平和经济发展水平，需要利用若干指标，从不同的角度，并综合这些指标的差异来进行比较，进而能够得到两者总体水平。

所构建出的评价指标体系，其中的主要驱动引子，需要能从不同的角度、层次反映出高等教育与经济发展水平之间的静态、动态两个方面的协调状态，而且这些主要因子能进行定量化的研究。

（一）评价指标体系的选择原则

第一，科学性原则。即指标体系具有客观性，指标概念清晰。每条指标能客观反映高等教育与区域经济指标因子之间的相互关系。

第二，系统性原则。即不能孤立看待单个指标，指标体系的最终构成要能够从系统的角度来进行度量。所选择的指标虽然不能将高等教育系统、经济发展系统的所有方面都涵盖，但是要尽量将主要的、核心的、多层面的、多维度的指标提取出来。

第三，可行性原则。即选择的指标从实际出发，具有现实意义且能够度量。

第四，代表性原则。即选择的指标能总体反映高等教育与区域经济的现状，主要选择最能体现指标含义的作为应用指标。

第五，独立性原则。即选取指标时要尽量规避重复，要相对独立。

在遵循科学性、系统性、可比性、代表性、独立性等原则的基础上，我们分别构建高等教育发展水平和经济发展水平体系（见表 5－1 和表 5－2）。

（二）高等教育发展水平、经济发展水平综合评价指标选择的依据

第一，高等教育发展水平的综合评价指标的选择及依据。为衡量高等教育发展水平，从规模、结构、质量、经费四个方面，选取具有代表性的 13 个指标来构建我国区域高等教育综合发展水平：招生数量、普通高校毕业生数、专任教师数、研本比（在校研究生人数与在校本科生人数）、每十万人大学生数量、副教授以上占教师比重、师生比、从业人员大专以上学历占比、国外主要检索工具收录论文数，普通高等学校生均教育经费支出。

第一层面：规模指标。规模指标能直接反映出高等教育在量的规模扩张上所发展的速度，能反映高等教育量的方面的特征。规模指标主要有招生数量、普通高校毕业生数、理工科毕业生数、专任教师数，分别从招生规模、毕业规模、师资规模的角度来反映高等教育的规模。但是因为目前我国高等教育的发展已经开

始从规模扩张走向内涵式的质量发展，扩大高等教育的规模已经不是最主要的发展任务，高等教育大规模扩张的时代已经过去，因此，此方面的目标只作为反映高等教育发展水平的一个方面，而不作为主要的核心指标。规模指标同时增加"理工科毕业生数"，原因在于理工科毕业生以及针对理工科而采取的高等教育与经济系统之间的关联程度更高，更加直接，贡献率更大。

表5-1　高等教育发展水平指标体系

目标层	功能层	指标层	代码
高等教育发展水平	规模	在校生数	H1
		普通高校毕业生数	H2
		理工科毕业生数	H3
		专任教师数	H4
	结构	研本比	H5
		理工科学生占全部在校生比重	H6
	质量	每万人学生数量	H7
		副教授以上占教师比重	H8
		师生比	H9
		从业人员大专以上学历占比	H10
		三大检索工具收录论文数	H11
	投入	普通高等学校生均教育经费支出	H12
		高等教育经费	H13

资料来源：经笔者研究选取设计所得。

第二层面：结构指标。结构指标包括多方面内容，比如宏观的教育结构包括层次结构、形式结构、地域结构、科类结构、管理体制结构、能级结构等；微观方面的高等教育结构包括学科专业结构、队伍结构、人员结构、知识结构、教材架构、课程结构等。在本评价内容体系中，结构指标主要指的是研本比和理工科学生占全部在校生比重，分别从学位的等级结构和学科结构来反映高等教育的结构。结构指标方面根据理工科毕业生数的指标增加理工科学生占全部在校生比重。

第三层面：质量指标。此方面的指标为核心指标。提高高等教育的质量，将是未来一个时期内我国高等教育的主要任务、核心任务。而且，高等教育的质量指标，也最能反映出高等教育的主要水平。因为，质量指标的选择是本指标体系构建的最主要部分。质量指标为每万人学生数量、副教授以上占教师比重、师生比、从业人员大专以上学历占比、国外主要检索工具收录论文数，分别从人口整体教育质量、师资质量、从业人员质量、科研质量来反映高等教育质量。我国高等教育经费主要来源为财政拨款，投入指标为普通高等学校生均教育经费支出、高等教育经费，分别从高等学校人均教育经费和高等教育经费总量的角度反映高等教育的投入水平。投入方面，增加高等教育经费项目，反映吉林省总体高等教育经费支出。

第二，反映经济发展水平的综合评价指标选择及依据。经济发展水平指标，主要从规模、结构、人口、增长的角度选取 12 个指标来进行说明：地区 GDP、地区固定资产投资额、地区全社会消费品零售总额、地区财政收入、人均地区生产总值、城镇居民人均可支配收入、农村居民人均纯收入、第二产业增加值占地区生产总值的比重（简称第二产业增加值占比）、第三产业增加值占比、城镇化率、各地区进出口总额占全国进出口总额比重。

第一层面：规模指标。规模指标包括地区 GDP、地区固定资产投资、地区社会消费品零售总额，分别从地区产值规模、投资规模、消费规模反映地区经济规模。

第二层面：结构指标。结构指标有二产占 GDP 比重、三产占 GDP 比重、进出口总值占全国进出口总值比重，分别从产业结构和进出口结构来反映经济结构。

第三层面：人口指标。人口指标有人均 GDP、城镇居民人均可支配收入、农民纯收入、城镇化率，分别从地区人均产值、城镇居民和农民人均收入、非农人口比重的角度来反映经济的人口因素。

第四层面：增长指标。增长指标为 GDP 增速、人均 GDP 增速，分别从地区经济增长和人均 GDP 增长的角度来反映经济发展水平。如表 5-2 所示。

（三）熵值法改进的层次分析法

由于综合指标体系中各个指标的作用以及对评价目标的影响不同，需要对不同的指标按照对评价目标影响的大小赋予不同的权重。本书利用熵权法改进的层次分析法对吉林省高等教育与经济发展水平的各个指标进行赋权，在赋权的基础上构建两者的发展指数。

表5-2　吉林省经济发展水平指标体系

目标层	功能层	指标层	代码
经济发展水平	规模	地区 GDP	E1
		地区固定资产投资	E2
		地区社会消费品零售总额	E3
	结构	二产占 GDP 比重	E4
		三产占 GDP 比重	E5
		地区进出口总值占全国进出口总值比重	E6
	人口	人均 GDP	E7
		城镇居民人均可支配收入	E8
		农民纯收入	E9
		城镇化率	E10
	增长	GDP 增速	E11
		人均 GDP 增速	E12

资料来源：经笔者研究选取设计所得。

层次分析法最早由美国著名运筹学家 T. L. Satty 教授创立，建模步骤如下：一是评价层次结构确定；二是选择评价专家；三是单层指标权重排序和一致性检验；四是总体指标权重排序和一致性检验。其中选择评价专家是为了给前面确定的层级结构以及指标体系打分，打分按照不同的标度赋予不同的重要性，Satty 等建议引用数字 1~9 及其倒数作为标度。表5-3 列出了 1~9 标度的含义：

表5-3　标度的含义

标度	含义
1	表示两个因素相比，具有相同重要性
3	表示两个因素相比，前者比后者稍重要
5	表示两个因素相比，前者比后者明显重要
7	表示两个因素相比，前者比后者强烈重要

续表

标度	含义
9	表示两个因素相比，前者比后者极端重要
2，4，6，8	表示上述相邻判断的中间值
倒数	若因素 i 与因素 j 的重要性之比为 a_{ij}，那么因素 j 与因素 i 的重要性之比为 $a_{ji} = \dfrac{1}{a_{ij}}$

资料来源：许树柏. 层次分析法原理［M］. 天津：天津大学出版社，1986：9.

利用专家给不同层级指标打分的结果可以生成判断矩阵，利用判断矩阵 A 和其对应最大特征值 λ_{max} 的特征向量 W，经归一化后可得到同一层次相应因素对于上一层次某因素相对重要性的排序权值，即评价指标权重的确定。值得注意的是，上述构造的判断矩阵可能在一定程度上存在非一致性。故此需要对判断矩阵的一致性进行检验，具体步骤如下：

①计算一致性指标 CI。

$$CI = \frac{\lambda_{max} - n}{n - 1} \tag{5-1}$$

②找相应的平均随机一致性指标 RI。对 n = 1，…，9，Satty 给出了 RI 的值，如表 5-4 所示：

表 5-4 RI 值

n	1	2	3	4	5	6	7	8	9
RI	0	0	0.58	0.90	1.12	1.24	1.32	1.41	1.45

RI 的值是这样得到的，用随机方法构造 500 个样本矩阵：随机地从 1~9 及其倒数中抽取数字构造正互反矩阵，求得最大特征根的平均值 λ'_{max}，并定义

$$RI = \frac{\lambda'_{max} - n}{n - 1} \tag{5-2}$$

③计算一致性比例 CR。

$$CR = \frac{CI}{RI} \tag{5-3}$$

当 CR<0.10 时，认为判断矩阵的一致性是可以接受的，否则应对判断矩阵作适当修正。单层指标权重排序和一致性检验都通过后，我们最终要得到各元素，特别是最低层中各方案对于目标的排序权重，从而进行方案选择。因此还需要总排序和一致性检验。总排序权重要自上而下地将单准则下的权重进行合成。在此基础上我们能确定各层的权重值 W'。

上述层次分析法得到的权重由于判断矩阵是由专家打分而得到的，各个指标的相对重要性主要依据专家的个人经验和主观偏好，因而包含较多的主观意愿，为了减弱权重的主观性，利用信息熵法对权重进行修正。具体操作如下：

①对判断矩阵 A 做归一化处理：$f_{ij} = A_{ij} \Big/ \sum\limits_{j=1}^{n} A_{ij}$（$i,j=1,2,Ln$）；

②利用熵法求取熵值：$H_i = -\dfrac{1}{\ln n} \times \sum\limits_{j=1}^{n} f_{ij}\ln f_{ij}$（$i,j=1,2,Ln$）；

③确定指标 A_j 的信息权重：$a_i = \dfrac{1-H_i}{n-\sum\limits_{j=1}^{n} H_i}$（$i,j=1,2,Ln$）；

④修正的 W' 权重：$W'_i = W_i a_i \Big/ \sum\limits_{i=1}^{n} W_i a_i$（$i,j=1,2,Ln$），$W'_i$ 为 W' 的列元素。

（四）高等教育与经济协同发展模型

通过上面综合指标体系的构建，可以看出高等教育与经济受到多方面因素的影响，故而我们利用熵权法修正的层次法对各个指标赋予的权重构建二者的发展指数，并在此基础上构建协调发展模型。这样构建的发展指数和协调发展模型可以综合反映二者的关系。具体而言，首先构建高等教育与经济的发展指数，即通过反映高等教育发展水平和经济发展水平各评价指标的标准化值加权合成。具体公式如下：

$$GJ = \sum_{i=1}^{4} \sum_{j=1}^{m} W_{ij}X_{ij} \tag{5-4}$$

$$JJ = \sum_{i=1}^{4} \sum_{j=1}^{m} W'_{ij}Y_{ij} \tag{5-5}$$

其中，GJ 表示高等教育发展水平指数，JJ 表示经济发展水平指数；X_{ij} 和 Y_{ij} 分别表示高等教育和经济第 i 个功能层下第 j 个指标标准化的数值，W_{ij} 和 W'_{ij} 分别表示高等教育和经济第 i 个功能层下第 j 个指标对应的经熵权法修正后的权重。

其次，利用回归的思想，建立高等教育发展水平指数与经济发展水平指数之间的线性回归模型：

$$GJ = \alpha + \beta \times JJ + u_i \qquad\qquad (5-6)$$

利用上述模型和实际经济发展指数，我们得到与之对应的高等教育发展水平指数 GJ^*。最后，利用应用模糊数学的隶属度思想，可建立协调度指标，以表示在给定的数值下某一系统隶属于模糊集协调的程度，具体公式如下：

$$C = \exp\{-|GJ - GJ^*|/\sigma_{GJ}\} \qquad\qquad (5-7)$$

其中，C 代表高等教育水平与经济发展水平的协调程度，具体而言，即高等教育的实际值与经济发展水平要求的高等教育水平值的接近程度。σ_{GJ} 代表 GJ 的标准差。C 的取值范围为 [0，1]，越接近 1 代表协调程度越好。

为了能够区分协同发展情况，根据协调度的取值范围，我们将高等教育与经济协调发展程度分为 5 个档（见表 5-5）。

表 5-5　协调度取值范围与协调程度

协调度范围	协调程度
C > 0.9	很协调
0.6 < C < 0.9	比较协调
0.5 < C < 0.6	基本协调
0.3 < C < 0.5	较不协调
C < 0.3	很不协调

资料来源：经笔者研究设计所得。

二、实证研究

（一）原始数据处理

本书数据来源为吉林省 1998~2012 年的统计年鉴，部分数据来源于对应的中国劳动统计年鉴、中国统计年鉴、中国教育统计年鉴、中国科技统计年鉴、吉林省统计年鉴。

我们在选取指标体系时，尽可能从多角度反映评价指标，因而原始数据指标中有结构变量，也有实际数值，单位不一。为了使指标具有可比性，对指标数据进行标准化处理，以此消除量纲的影响。本书采用 Min – Max 标准化法对反映吉林省高等教育水平和经济发展的原始指标数据做无量纲处理。计算方法如下：

$$X'_i = (X_i - X_{min})/(X_{max} - X_{min}) \qquad (5-8)$$

（二）层次分析法各层级的构建

基于前文中关于层次分析法各层级的构建，我们分别构建吉林省高等教育与经济发展的网络层次，如图 5 – 1 所示。其中高等教育发展水平和经济发展水平目标层下各设 4 个功能层，反映高等教育发展水平的功能层分别为规模、结构、质量和投入，反映经济发展水平的功能层分别为规模、结构、人口和增长。高等教育发展水平和经济发展水平的指标层各有若干指标，分别对应各自的功能层指标，各个详细指标见图 5 – 1。

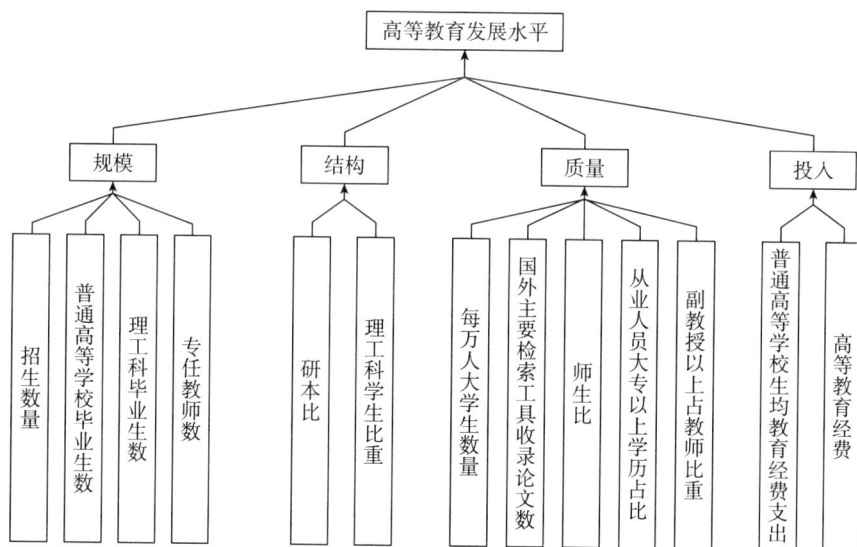

图 5 – 1 层次分析法的层级结构

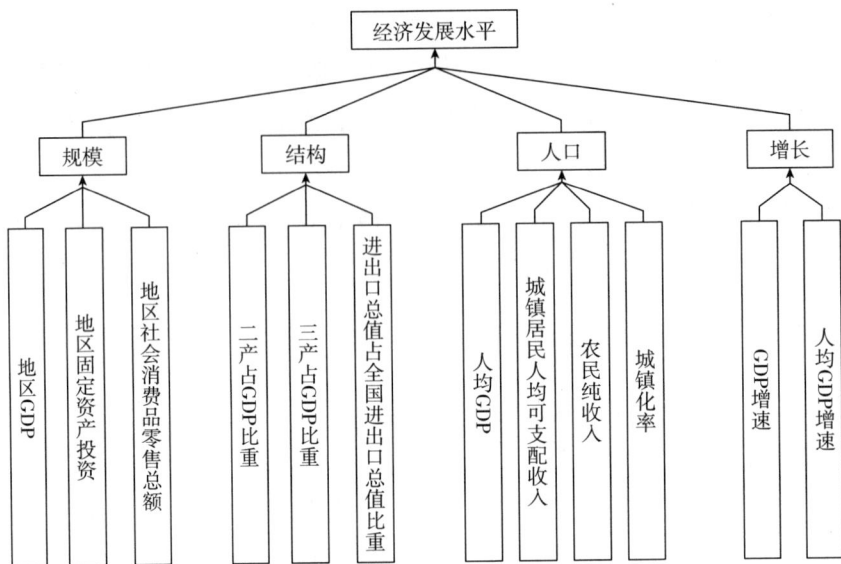

图 5-1 层次分析法的层级结构（续）

资料来源：经笔者构建所得。

（三）熵权法改进的层次分析法对指标赋权

分别选择吉林省高等教育和经济领域的 10 位专家，对反映高等教育和经济发展水平的功能层和指标层的各个指标进行打分评级。在打分的基础上，利用层次分析法软件 yaahp，将打分结果构建成二者各层级的判断矩阵，经过一致性检验，发现各个判断矩阵均通过，从而得到功能层和指标层各个指标的权重，按照前文熵权法修正权重的步骤，我们对得到的权重进行修正，可以得到最终各个指标的权重（见表 5-6、表 5-7）。利用熵权法修正后的权重，可以剔除部分人为因素干扰，使得各指标权重的赋权更加客观。

表 5-6 吉林省高等教育发展水平各指标权重

目标层	功能层	指标层	AHP 权重	熵权法修正权重
高等教育 发展水平	规模	招生数量	0.0567	0.0573
		普遍高校毕业生数	0.0488	0.0489

目标层	功能层	指标层	AHP 权重	熵权法修正权重
高等教育 发展水平	规模	理工科毕业生数	0.0400	0.0401
		专任教师数	0.0344	0.0348
	结构	研本比	0.0990	0.0995
		理工科学生占全部在校生比重	0.1209	0.1216
	质量	每万人学生数量	0.0927	0.0930
		副教授以上占教师比重	0.0790	0.0789
		师生比	0.0647	0.0646
		从业人员大专以上学历占比	0.0574	0.0574
		国外主要检索工具收录论文数	0.0509	0.0511
	投入	普通高等学校生均教育经费支出	0.1404	0.1390
		高等教育经费	0.1150	0.1138

资料来源：经笔者计算整理所得。

表5-7　吉林省经济发展水平各指标权重

目标层	功能层	指标层	AHP 权重	熵权法修正权重
经济发 展水平	规模	地区 GDP	0.1129	0.1128
		地区固定资产投资	0.0663	0.0655
		地区社会消费品零售总额	0.0708	0.0716
	结构	二产占 GDP 比重	0.0927	0.0936
		三产占 GDP 比重	0.0991	0.0984
		进出口总值占全国进出口总值比重	0.0581	0.0580
	人口	人均 GDP	0.0937	0.0951
		城镇居民人均可支配收入	0.0628	0.0600
		农民纯收入	0.0514	0.0522
		城镇化率	0.0421	0.0427
	增长	GDP 增速	0.1497	0.1497
		人均 GDP 增速	0.1003	0.1003

资料来源：经笔者计算整理所得。

（四）协调发展结果的测算与评价

利用经熵权法修正的层次分析法得到的各个指标的权重系数，以及各个指标的标准化数值，利用式（5-4）和式（5-5）可以得到反映吉林省高等教育发展水平指数和经济发展水平指数。为了得到与经济发展水平相对应的高等教育水平的指数，我们利用回归模型（5-6）来进行回归，利用 EVIEWS 6.0 可以得到如下结果：

$$GJ = 0.8821 \times JJ + 0.075 \tag{5-9}$$

Dependent Variable：GJ

Method：Least Squares

Date：01/01/10 Time：16：52

Sample：1997 2011

Included observations：15

	Coefficient	Std. Error	t − Statistic	Prob.
JJ	0.882119	0.072050	12.24322	0.0000
C	0.075040	0.032622	2.300253	0.0386
R − squared	0.920195	Mean dependent var	0.419134	
Adjusted R − squared	0.914056	S. D. dependent var	0.218816	
S. E. of regression	0.064149	Akaike info criterion	− 2.531664	
Sum squared resid	0.053496	Schwarz criterion	− 2.437257	
Log likelihood	20.98748	Hannan − Quinn criter.	− 2.532669	
F − statistic	149.8965	Durbin − Watson stat	1.826814	
Prob（F − statistic）	0.000000			

资料来源：经笔者计算整理所得。

从回归的结果看，JJ 和常数项 C 的 t 统计量的伴随概率都通过 5% 的显著性水平检验，符合我们的结果，同时 F 统计量的伴随概率为 0，方程整体显著。$R^2 = 0.920195$，调整后的 $R^2 = 0.914056$，拟合程度较高。方程回归的结果较好。利用回归方程（5-9）和前面计算出的经济发展水平指数，我们能得到与之对应的高等教育水平指数 GJ^*。结合协调模型公式（5-7），我们可以得到 1997~2011 年各年高等教育与经济发展水平协同的情况，具体如表5-8和图5-2所示。

表5-8 吉林省高等教育水平与经济发展水平指数及协调度

年份	高等教育水平指数	经济发展水平指数	协调度	评价
1997	0.1361	0.0825	0.9482	很协调
1998	0.1794	0.0502	0.7600	比较协调
1999	0.2115	0.0814	0.7442	比较协调
2000	0.2171	0.2816	0.6152	比较协调
2001	0.2526	0.2082	0.9726	很协调
2002	0.3105	0.2662	0.9971	很协调
2003	0.3494	0.3508	0.8517	比较协调
2004	0.3784	0.3935	0.8189	比较协调
2005	0.4476	0.3760	0.8295	比较协调
2006	0.5027	0.4526	0.8782	比较协调
2007	0.4908	0.5828	0.6380	比较协调
2008	0.5458	0.6197	0.7070	比较协调
2009	0.6370	0.5552	0.7189	比较协调
2010	0.756	0.723	0.845	比较协调
2011	0.843	0.825	0.653	比较协调
均值	0.4191	0.3901	0.8033	比较协调

资料来源：经笔者计算整理所得。

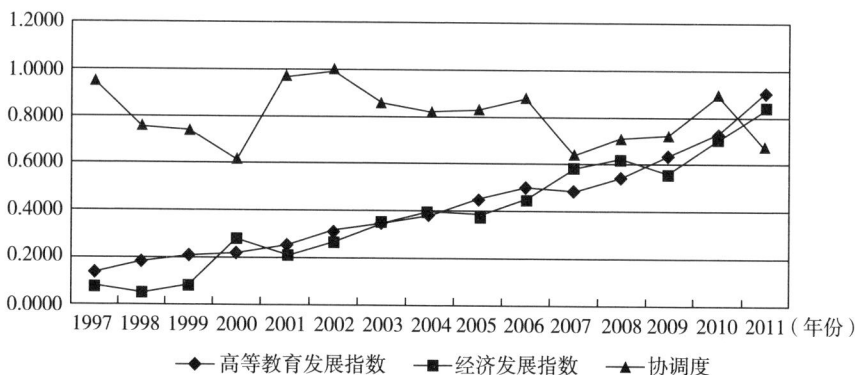

图5-2 吉林省高等教育水平指数、经济发展水平指数和两者协调度

资料来源：经笔者依据计算结果绘制。

从高等教育指数和经济发展水平指数来看，吉林省高等教育水平指数在1997~2011年几乎保持稳步上升的趋势。随着1998年全国高校扩招，吉林省高等教育招生规模在1997~2011年扩大了4倍多；专任教师数翻了1倍；生均教育经费支出和高等教育经费等也稳步增长，其他反映高等教育水平的正向指标在这期间也都稳步增长；唯一的负向指标即师生比在这段时间呈现出递减的趋势，但这未能影响到高等教育水平的整体向上发展。

经济发展水平多为正向指标，经济发展水平呈现波动式上升，且存在相互制约的评价指标。经济发展水平在2000年、2004年、2008年分别出现局部高点，2000年经济发展水平达到高点，得益于GDP增速和人均GDP增速出现了较高水平的增长，拉高了当年的经济发展水平。2004年出现经济发展水平的高点原因在于二产占GDP比重、三产占GDP比重、GDP增速和人均GDP增速在这一年都增长迅速。中央关于振兴东北老工业基地的政策红利，在很大程度上促进了吉林省经济水平的增长。2008年经济发展水平出现局部高点，也是缘于GDP增速和人均GDP增速较高水平的增长，北京奥运会的举办、很多大型工程项目开建，在一定程度上对吉林省的重工业起到拉动作用，整体上带动了吉林省经济的增长。

从1997~2011年吉林省高等教育与经济发展水平的协调情况来看，两者主要处于比较协调的区间，偶尔有单个年份如2001年出现了很协调的理想协调状态。1997~2011年吉林省高等教育水平指数的均值和经济发展水平指数的均值相对较低，均低于0.5。两者协调度的均值却高达0.8，属于比较协调的区间，意味着吉林省高等教育水平和经济发展水平虽然都不是很高，但两者协调发展程度还不错。从两者的协调度曲线可以看出，往往经济发展水平指数超越高等教育水平指数时，两者的协调度较低，原因在于经济发展具有周期性，而用于高等教育的投入往往是稳步增长的，两者在此时往往容易出现协调度较低的情况。同时，近些年来，两者协调度几乎都低于0.85，主要属于比较平稳的比较协调水平。

第二节　高等教育与区域经济发展的
协调性：全国比较的视角

一、研究方法

本部分采用因子分析，对全国 31 个省市高等教育发展、经济发展分别进行因子得分计算和排序，然后计算排序的等级差，观察偏离程度。假如高等教育排名高于甚至远远高于经济发展排名，则说明高等教育超前或过度，协调性较差；如果高等教育排名落后于区域经济发展排名，则说明高等教育发展滞后，协调性也较差；如果高等教育排名与区域经济排名相当，则协调性较好。

二、实证分析

为了能够更全面地观测区域高等教育与经济协调发展的水平，本书通过选取2006 年和2011 年两年的数据，通过分析这两年两者的变化，来发现我国高等教育与经济协调发展在区域上的差异性。

（一）数据来源

数据来源为2007 年、2012 年中国统计年鉴、中国教育统计年鉴、中国社会科技统计年鉴的横截面数据。所用软件为 IBM 的 SPSS18.0。

（二）构建综合评价指标体系

单一指标只能从某方面反映一个区域的高等教育和经济发展水平，为全面反映某区域的高等教育发展水平和经济发展水平，需要利用若干指标，从不同的角度，并综合这些指标的差异来进行比较，进而能够得到两者总体水平。

1. 高等教育发展水平的综合评价指标

为衡量我国区域高等教育发展水平，选取 10 个具有代表性的指标来构建我国区域高等教育综合发展水平。招生数量、普遍高校毕业生数、专任教师数，分别从招生规模、毕业规模、师资规模的角度来反映高等教育的规模；研本比是学位的等级结构，以此来反映高等教育结构；每万人学生数量、副教授以上占教师比重、师生比、从业人员大专以上学历占比、国外主要检索工具收录论文数，分别从人口整体教育质量、师资质量、从业人员质量、科研质量来反映高等教育质量；高等学校人均教育经费的指标则反映高等教育的投入水平。

2. 反映经济发展水平的综合评价指标

选取 11 个反映经济发展水平的指标：地区 GDP、地区固定资产投资、地区社会消费品零售总额，分别从地区产值规模、投资规模、消费规模反映地区经济规模；第二产业增加值占地区生产总值的比重（简称第二产业增加值占比）、第三产业增加值占比、各地区进出口总额占全国进出口总额比重分别从产业结构和进出口结构来反映经济结构；城镇居民人均可支配收入、农村居民人均纯收入、城镇化率分别从地区人均产值、城镇居民和农民人均收入、非农人口比重的角度来反映经济的人口因素；地区财政收入、人均地区生产总值分别从地区经济增长和人均 GDP 增长的角度来反映经济发展水平。

为了具体刻画我国 31 省市各衡量指标体系上的差距，依此比照出吉林省的发展水平，利用标准化的统计指标数据进行雷达图分析，这样更能直观地比较分析各地区之间的差异。下面分别就高等教育指标和经济发展指标进行说明：

第一，2006 年和 2011 年高等教育水平各指标说明。从高等教育水平各指标的情况看，无论是 2006 还是 2011 年，北京、上海、江苏、湖北在各个分指标的得分中都处于领先地位（雷达图 5 - 3 中向外凸出较明显）。尤其是北京、上海的高等教育水平各指标几乎呈现尖峰状，说明在雷达图上与其邻近的省份相比，优势明显。整体来看，2006 年高等教育各指标得分在雷达图上的分布与 2011 年相差不大，尤其是排名靠前的省市。原因在于，我国高等教育经费属于国家政府投入，在师资流动和引进方面名校优势明显，而名校主要集中地往往是高等教育比较发达的省市，这些省市的高等教育水平较高。

相比较而言，无论是 2006 年还是 2011 年，吉林省的高等教育水平在各个分指标中都不占有优势地位，与相邻近的省份、其他省份相比，优势并不明显。

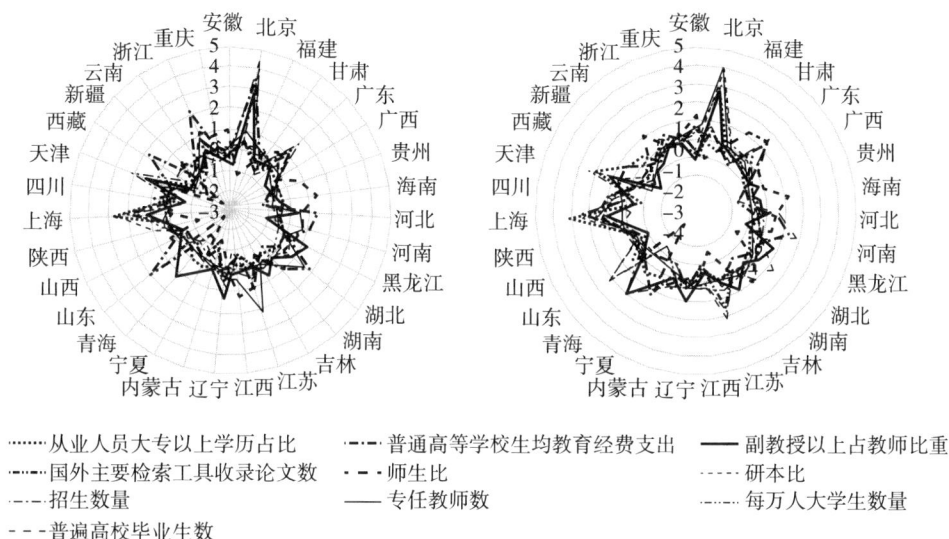

……从业人员大专以上学历占比　　─·─普通高等学校生均教育经费支出　　──副教授以上占教师比重
─··─国外主要检索工具收录论文数　　·─·─师生比　　　　　　　　　　　　┈┈研本比
─·─招生数量　　　　　　　　　　　──专任教师数　　　　　　　　　　　─··─每万人大学生数量
───普遍高校毕业生数

图 5－3　2006 年（左）和 2011 年（右）高等教育各指标得分雷达图

资料来源：笔者根据《中国教育统计年鉴》（2007、2012）、《中国社会科技统计年鉴》（2007、2012）数据整理构建所得。

第二，2006 年和 2011 年经济发展水平各指标说明。从经济发展水平各指标得分来看，广东、北京、上海、江苏、浙江 5 省市在 2006 年和 2011 年排名靠前。在雷达图 5－4 上，这 5 个省市形成尖峰分布，凸显出与其相邻省市优势明显。西部地区经济水平各指标得分均相对较低，在雷达图上往往凹向内部，与之形成鲜明对比的是东部省市，各指标得分均较高。第二产业增加值占比、第三产业增加值占比是两个相互约束的指标，往往经济发达地区第三产业增加值占比较高（形成尖峰），而第二产业增加值占比较低（凹向内部）。

相比而言，吉林省经济发展各指标则相对排名都较为靠后。

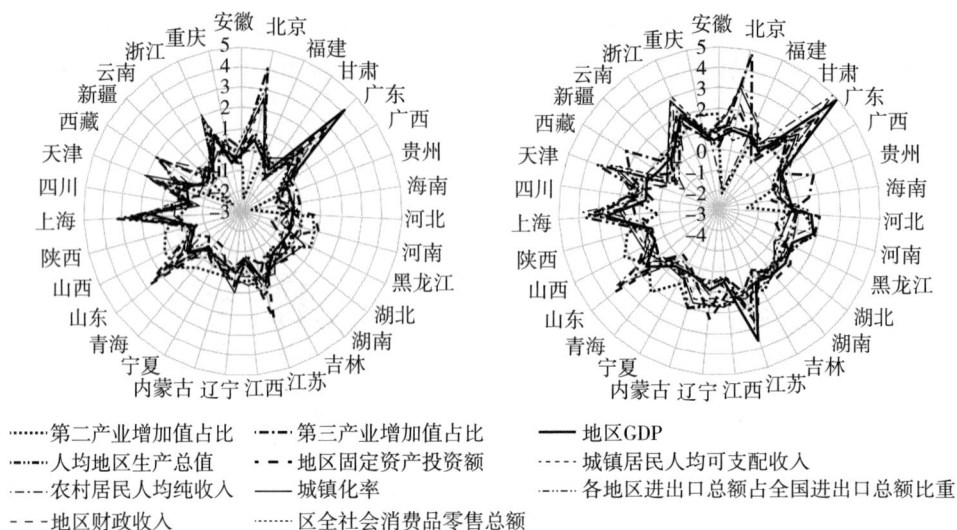

……第二产业增加值占比　　-·-第三产业增加值占比　　——地区GDP
-··-人均地区生产总值　　·-·地区固定资产投资额　　----城镇居民人均可支配收入
-·-农村居民人均纯收入　　——城镇化率　　-··-各地区进出口总额占全国进出口总额比重
- - -地区财政收入　　……区全社会消费品零售总额

图 5 -4　2006 年（左）和 2011 年（右）经济发展各指标得分雷达图

资料来源：笔者根据《中国统计年鉴》（2007、2012）数据整理构建所得。

（三）高等教育发展水平和经济发展水平综合评价值和排名

1. 确定高等教育发展水平综合指标

首先，对 2006 年和 2011 年代表高等教育发展水平指标的数据进行 KMO 和球形 Bartlett 检验，以便检查因子模型是否是合适的。从检验的结果看（见表 5 -9），2006 年和 2011 年高等教育的 KMO 的值超过 0.5，Bartlett 检验的相伴概率为 0，表明因子模型是合适的。

表 5 -9　高等教育发展水平指标 KMO 和球形 Bartlett 检验

KMO 和 Bartlett 的检验	2006 年	2011 年
取样足够度的 Kaiser - Meyer - Olkin 度量	0.753	0.733
Bartlett 的球形度检验近似卡方	420.975	449.720
df	45	45
Sig.	0.000	0.000

资料来源：经笔者计算整理所得。

其次，利用主成分分析法，按照特征值大于 1 的原则进行因子提取，可以得到反映高等教育水平指标的公因子。从结果看（见表 5 - 10 和图 5 - 5），无论2006 年还是 2011 年，只有前两个因子的特征值大于 1，同时这两个因子分别反映了 80.93% 和 80.95% 的信息量，因此选取两个因子作为各地区高等教育发展水平的评价指标。通过因子旋转后，我们得到旋转后两个因子方差贡献率和累计贡献率（见表 5 - 11）。

表 5 - 10　高等教育水平指标的特征根、方差贡献率以及累计贡献率

因子	2006 年高等教育发展水平			2011 年高等教育发展水平		
	特征根	方差贡献率（%）	累计贡献率（%）	特征根	方差贡献率（%）	累计贡献率（%）
1	5.116	51.163	51.163	4.825	48.253	48.253
2	2.977	29.767	80.930	3.270	32.698	80.950
3	0.757	7.574	88.504	0.929	9.294	90.244
4	0.620	6.202	94.706	0.408	4.075	94.319
5	0.238	2.384	97.090	0.229	2.291	96.611
6	0.147	1.469	98.559	0.220	2.200	98.811
7	0.079	0.789	99.348	0.075	0.754	99.565
8	0.041	0.411	99.759	0.029	0.287	99.852
9	0.019	0.185	99.944	0.011	0.109	99.961
10	0.006	0.056	100.000	0.004	0.039	100.000

资料来源：经笔者计算整理所得。

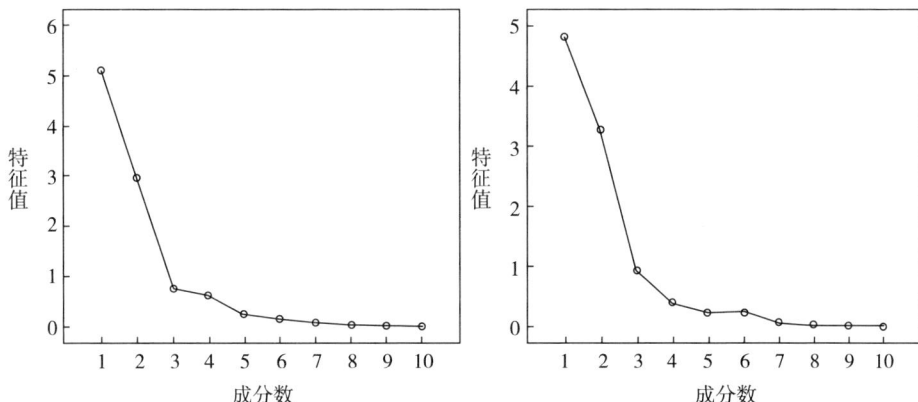

图 5 - 5　2006 年高等教育（左）和 2011 年高等教育（右）的主因子提取的碎石图
资料来源：笔者依研究结果绘制。

利用旋转后的方差贡献率和累计贡献率可以计算高等教育发展水平的综合因子得分，计算结果如下：

2006 年高等教育得分 =（48.301×F1+32.629×F2）/80.930

2011 年高等教育得分 =（47.652×F1+33.298×F2）/80.950

表 5-11 旋转后因子方差贡献率和累计贡献率

因子	2006 年高等教育发展水平		2011 年高等教育发展水平	
	方差贡献率（%）	累计贡献率（%）	方差贡献率（%）	累计贡献率（%）
1	48.301	48.301	47.652	47.652
2	32.629	80.930	33.298	80.950

资料来源：经笔者计算整理所得。

2. 确定经济发展水平综合指标

用上述同样的方法可以首先得到经济发展水平 KMO 和球形 Bartlett 检验的结果（见表 5-12），KMO 结果大于 0.5，满足要求，球形 Bartlett 检验的相伴概率为 0，表明因子模型是合适的。

表 5-12 经济发展水平指标 KMO 和球形 Bartlett 检验

KMO 和 Bartlett 的检验	2006 年	2011 年
取样足够度的 Kaiser – Meyer – Olkin 度量	0.735	0.703
Bartlett 的球形度检验近似卡方	602.284	593.839
df	55	55
Sig.	0.000	0.000

资料来源：经笔者计算整理所得。

其次按照上述得到高等教育发展水平同样的方法，利用主成分分析法，依据特征值大于 1 的原则来提取公因子，从结果看（见表 5-13 和图 5-6），2006 年因子特征值大于 1 的个数为 2，2011 年因子特征值大于 1 的个数为 3，故 2006 年选取两个因子，这两个因子解释了 85.135% 信息量，2011 年选取 3 个因子，这 3

个因子解释了94.176%的信息量。因此2006年选取两个因子，2011年选取三个因子作为经济发展水平的评价指标。

表5-13 经济发展水平指标的特征根、方差贡献率以及累计贡献率

因子	2006年经济发展水平			2011年经济发展水平		
	特征根	方差贡献率（%）	累计贡献率（%）	特征根	方差贡献率（%）	累计贡献率（%）
1	6.731	61.187	61.187	6.475	58.863	58.863
2	2.634	23.948	85.135	2.836	25.785	84.648
3	0.982	8.931	94.066	1.048	9.528	94.176
4	0.308	2.801	96.867	0.300	2.729	96.906
5	0.135	1.223	98.090	0.120	1.094	97.999
6	0.111	1.013	99.102	0.086	0.780	98.779
7	0.038	0.348	99.450	0.051	0.467	99.246
8	0.024	0.222	99.673	0.041	0.370	99.617
9	0.018	0.161	99.833	0.031	0.285	99.902
10	0.016	0.143	99.976	0.008	0.077	99.979
11	0.003	0.024	100.000	0.002	0.021	100.000

资料来源：笔者计算整理所得。

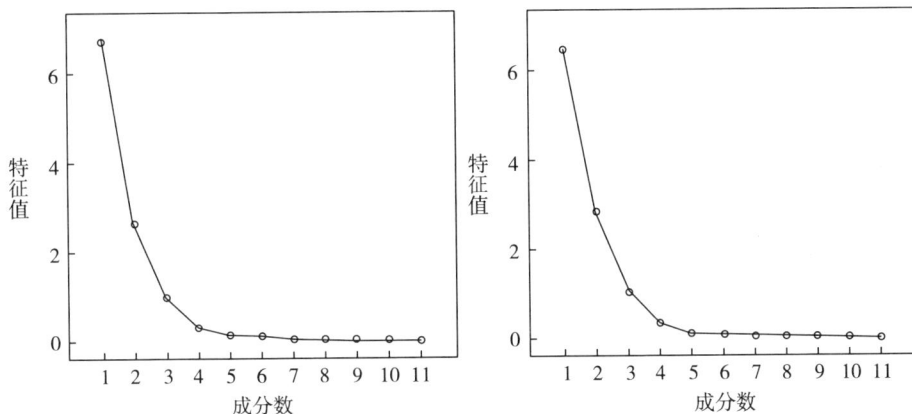

图5-6 2006年经济发展（左）和2011年经济发展（右）的主因子提取的碎石图

资料来源：笔者依研究结果绘制。

同时我们能得到经济发展水平指标的特征根、方差贡献率以及累计贡献率（见表 5-13）。最后通过因子旋转，得到旋转后因子方差贡献率和累计贡献率（见表 5-14）。利用旋转后的方差贡献率和累计贡献率可以计算经济发展水平的综合因子得分，计算结果如下：

2006 年经济得分 = （43.144 × F1 + 41.991 × F2）/85.135

2011 年经济得分 = （39.271 × F1 + 36.753 × F2 + 18.152 × F3）/94.176

表 5-14　旋转后因子方差贡献率和累计贡献率

因子	2006 年经济发展水平		2011 年经济发展水平	
	方差贡献率（%）	累计贡献率（%）	方差贡献率（%）	累计贡献率（%）
1	43.144	43.144	39.271	39.271
2	41.991	85.135	36.753	76.024
3	—	—	18.152	94.176

资料来源：笔者计算整理所得。

3. 计算综合评价指标值

根据上述两个得分公式，分别计算 2006 年和 2011 年各地的高等教育发展水平和经济发展水平的因子得分，并分别进行排序，计算等级差（见表 5-15）。

表 5-15　各地区高等教育发展水平与经济发展综合水平得分、排名及等级差

地区	2006 年				等级差	2011 年				等级差
	高等教育		经济			高等教育		经济		
	得分	排名	得分	排名		得分	排名	得分	排名	
安徽	-0.17	17	-0.32	20	-3	-0.25	19	-0.29	19	0
北京	2.37	1	1.2	4	-3	2.46	1	1.32	2	-1
福建	-0.26	19	0.14	9	10	-0.24	18	0.12	9	9
甘肃	-0.5	22	-0.67	29	-7	-0.51	22	-0.6	30	-8
广东	0.51	5	1.75	1	4	0.41	8	1.43	1	7
广西	-0.56	24	-0.46	23	1	-0.59	24	-0.38	23	1

| 地区 | 2006 年 | | | | 等级差 | 2011 年 | | | | 等级差 |
| | 高等教育 | | 经济 | | | 高等教育 | | 经济 | | |
	得分	排名	得分	排名		得分	排名	得分	排名	
贵州	-0.77	28	-0.7	30	-2	-0.82	29	-0.39	24	5
海南	-0.83	29	-0.62	27	2	-0.95	31	-0.26	16	15
河北	0.06	14	0.03	10	4	-0.07	16	-0.06	10	6
河南	-0.06	16	-0.03	11	5	0.04	14	-0.15	13	1
黑龙江	0.18	12	-0.22	16	-4	0.05	13	-0.27	17	-4
湖北	0.79	4	-0.15	12	-8	0.65	4	-0.07	11	-7
湖南	0.2	11	-0.21	14	-3	0.13	12	-0.11	12	0
吉林	-0.03	15	-0.27	18	-3	0.01	15	-0.32	20	-5
江苏	0.92	3	1.25	3	0	1.09	3	1.2	3	0
江西	-0.23	18	-0.4	21	-3	-0.37	20	-0.39	25	-5
辽宁	0.45	7	0.24	8	-1	0.37	9	0.21	8	1
内蒙古	-0.64	25	-0.21	15	10	-0.51	23	-0.18	15	8
宁夏	-0.7	27	-0.61	26	1	-0.59	25	-0.52	28	-3
青海	-0.83	30	-0.66	28	2	-0.6	26	-0.74	31	-5
山东	0.5	6	0.88	6	0	0.55	5	0.69	6	-1
山西	-0.33	21	-0.26	17	4	-0.47	21	-0.41	26	-5
陕西	0.35	10	-0.42	22	-12	0.53	6	-0.35	21	-15
上海	1.22	2	1.52	2	0	1.14	2	1.16	4	-2
四川	0.15	13	-0.2	13	0	0.14	11	-0.15	14	-3
天津	0.38	9	0.4	7	2	0.49	7	0.33	7	0
西藏	-1.12	31	-0.76	31	0	-0.9	30	-0.48	27	3
新疆	-0.67	26	-0.53	25	1	-0.67	28	-0.52	29	-1
云南	-0.52	23	-0.52	24	-1	-0.62	27	-0.35	22	5
浙江	0.42	8	1.11	5	3	0.28	10	0.81	5	5
重庆	-0.27	20	-0.31	19	1	-0.17	17	-0.27	18	-1

资料来源：笔者计算整理所得。

（四）相关性分析

对高等教育发展水平和经济发展水平两个变量分别进行斯皮尔曼相关分析和

肯德尔相关分析，可以得到 2006 年 31 省市两者的斯皮尔曼相关系数为 0.8717，肯德尔相关系数为 0.7004；2011 年 31 省市两者的斯皮尔曼相关系数为 0.7932，肯德尔相关系数为 0.6110。可以看出肯德尔相关系数和斯皮尔曼相关系数都比较低。而且，从整体发展趋势来说，2011 年 31 省市高等教育与经济发展水平之间的相关性并没有增强，相关性反而有下降的趋势，我国区域高等教育和经济发展可能存在一定程度脱节的问题。

（五）高等教育、经济发展水平两者协调程度的测度及差异分析

1. 协调类型分析

在定义各个省市协调程度类型的时候，参照学者高耀、刘志民（2010）的方法将协调程度的类型分成五种类型，即强协调、协调、基本协调、弱协调、不协调。

等级差为 0 代表强协调，这里所指的强协调，指的是高等教育发展与经济发展水平基本相适应，不存在过度教育以及落后教育的问题，高等教育做到了与经济发展的较好匹配。

等级差在 [±1，±2] 区间内代表协调，是指无论是高等教育领先于经济发展水平，还是经济发展水平领先于高等教育发展水平，相互之间都表现出了一种相互适应的特征。这种特征情况下，两者具有适当的差距，但是这种差距在合理可接受的范围内。

等级差在 [±3，±5] 区间内代表基本协调，即高等教育发展水平与经济发展水平之间有了较大的差距，不是高等教育水平发展过快，就是经济发展水平过快，两者虽有一定程度的偏离，但依旧在可接受范围内。

等级差在 [±6，±9] 区间内代表弱协调，是指的高等教育发展水平与经济发展水平之间的差距较大，协调性较差。

等级差在 [-10，-∞) ∪ [10，+∞) 区间内代表强不协调，是指高等教育发展水平与经济发展水平之间差异巨大，几乎不存在协调的状态。

将我国 31 省市 2006 年和 2011 年高等教育与经济发展协调度情况统计如下（见表 5-16），从中可以发现以下结论：

表5-16　全国31省市高等教育发展水平与经济发展水平协调水平类型表

位差等级	0		±1~±2		±3~±5		±6~±9		≥±10	
年份	2006	2011	2006	2011	2006	2011	2006	2011	2006	2011
城市数量	5	4	10	8	11	11	2	6	3	2
	江苏(0) 上海(0) 山东(0) 四川(0) 西藏(0)	江苏(0) 安徽(0) 湖南(0) 天津(0)	辽宁(-1) 广西(1) 新疆(-1) 重庆(-1) 云南(-1) 宁夏(1) 海南(2) 贵州(-2) 青海(2) 天津(2)	辽宁(1) 广西(1) 新疆(-1) 重庆(-1) 北京(-1) 上海(-2) 山东(-1) 河南(1)	吉林(-3) 黑龙江(-4) 江西(-3) 山西(4) 浙江(3) 安徽(-3) 北京(-3) 湖南(-3) 广东(4) 河北(4) 河南(5)	吉林(-5) 黑龙江(-4) 江西(-5) 山西(-5) 浙江(5) 青海(-5) 宁夏(-3) 四川(-3) 西藏(3) 贵州(5) 云南(5)	湖北(-8) 甘肃(-7)	湖北(-7) 甘肃(-8) 河北(6) 广东(7) 内蒙古(8) 福建(9)	陕西(-15) 福建(9) 内蒙古(8)	陕西(-15) 海南(15)
协调度评价	强协调		协调		基本协调		弱协调		不协调	

资料来源：笔者计算整理所得。

——强协调类型。主要包括江苏、上海、天津、山东、湖南、安徽、四川、西藏，以东部（3 个省份）、中部（3 个省份）地区为主，也有四川、西藏两个西部地区，占全部省份的 16% 左右。2011 年与 2006 年相比略有下降。江苏省的教育一直保持着较好的协调发展的态势。

——协调类型。主要包括天津（2）、海南（2）、北京（-1）、上海（-2）、河南（1）、山东（-1）、青海（2）、宁夏（1）、贵州（-2）、云南（-1）10 个省区。总体来看，2011 年协调水平略有下降。就总体比例而言，处于协调水平的省区大概占到了三分之一，东部（4）、中部（2）地区占到了六成，西部（4）地区占四成。其中辽宁、广西、新疆、重庆都表现出了较为稳定的比较合理的协调状态。河南、天津、青海、宁夏、海南几个省区是经济发展水平要略好于高等教育发展水平；贵州、云南、北京、上海、山东是高等教育发展水平略好于经济发展水平。

——基本协调类型。这个行列的省区 2006 年、2011 年都保持在 11 个，总体比例达到了 35.4%，基本协调类型以中部地区为主，占到了 8 个省区。主要包括北京（-3）、广东（4）、浙江（3）、湖南（-3）、河北（4）、河南（5）、吉林（-3）、黑龙江（-4）、安徽（-3）、江西（-3）、山西（4）、宁夏（-3）、四川（-3）、青海（-5）、西藏（3）、贵州（5）、云南（5）。吉林、黑龙江、江西、山西、浙江始终处于基本协调水平行列。其中，安徽、宁夏、四川、北京、湖南 5 省区，是高等教育发展水平高于、快于经济发展水平；广东、河南、河北、青海、西藏、贵州、云南 7 省区是经济发展水平快于、强于高等教育发展水平。

——弱协调类型。弱协调水平的省区数量，从 2006 年到 2011 年的五年间有逐步扩大的趋势，从 2006 年的 2 个增加到了 2011 年的 6 个，足足增加了 2 倍。甘肃、湖北 2 省区，始终如一地处于弱水平协调状态，表现出了高等教育的发展远远领先于经济发展水平，有高等教育过度发展的迹象。河北（6）、广东（7）、内蒙古（8）、福建（9）4 省区，表现出了高等教育发展水平远远落后于经济发展水平的状态。

——不协调类型。总体来看，2011 年与 2006 年相比略有下降，由 3 个变为 2 个，总体的比例接近 10%。不协调水平的省区主要是陕西（-15）、福建（9）、内蒙古（8）、海南（15）4 个省区。其中，陕西省是高等教育发展远远领先于经济发展水平，高等教育过度发展、超前发展；然而福建、内蒙古、海南则是经济发展水平遥遥领先于高等教育发展水平，高等教育较为落后。

2. 高等教育与经济发展协调性水平分析

按照省份的综合得分高低划分，也可以将协调性水平划分为三个等级：高水平协调、中等水平协调、高水平协调。假如高等教育发展水平与经济发展水平综合评价的得分都位于全国排名的前 10 名，则归类为高水平协调区；假如二者综合得分稳定居于 11～20 名，则可以归类为中等水平地区；假如综合得分稳定居于 21～31 名，则归类为低水平协调地区。

——高水平协调 8 个省区。按照这种评价标准进行归类，可以看出北京、广东、江苏、辽宁、山东、上海、天津、浙江几个省区，高等教育水平与经济发展水平总体排名都靠前，且排名五年时间都比较稳定地位居前十，可以定义为高水平协调地区，这些地区主要是东部地区。

——中等水平协调 10 个省区。安徽、福建、河南、河北、黑龙江、湖北、湖南、吉林、四川、重庆 10 个省区，高等教育发展水平与经济发展水平总体排名一直持续稳定在 10～20 名，五年间变化都不大，可以归类为中等协调水平地区，这些地区主要是中部地区。

——低水平协调省区 13 个。海南、甘肃、江西、内蒙古、广西、贵州、宁夏、山西、青海、西藏、新疆、陕西、云南 13 个省区，高等教育发展水平与经济发展水平总体排名都处于 20～31 名，可以认定为低水平的协调，这些地区主要为西部地区。

特别需要说明的是，上述两种评价方式，不能以其中一种评价标准来孤立地看待其协调水平的定义，而要使用综合评价的方式结合起来去得出结论。以福建省的协调水平评价为例。比如使用协调类型的评价，高等教育与经济发展水平之间的协调水平是一种弱协调水平、不协调水平，远不如西藏的强协调。然而从第二种综合排名的水平评价综合起来看，属于中等水平。因此，综合起来看福建省的高等教育与经济发展水平之间协调程度不协调，但总体情况要好于西藏地区，尽管西藏地区是强协调类型。

3. 简要结论

总体来看，通过上述分析可以看出，吉林省的高等教育与经济协调发展水平，与全国 31 个省份相比较而言，从协调类型来看属于"基本协调类型"的行列。与黑龙江、江西、山西、浙江一样始终处于中等偏下的水平。2006 年两者位差等级差为 −3，2011 年两者位差等级差为 −5，均为高等教育发展超前于区域经济发展，且有逐渐拉大的趋势。高等教育排名在 2006 年和 2011 年均为 15 名，而经济发展水平 2006 年为 18 名，2011 年为 20 名，经济排名略有下滑。经济得分下降的原因在于衡量经济发展水平的因子由 2006 年的 2 个增加到 2011 年的 3 个，而增加的因子主要体现在产业结构即第二产业占比和第三产业占比方面。吉林省作为老工业基地，主要以重工业为主，产业结构在很大程度上依靠第二产业，产业结构失衡严重。2011 年第二产业占 GDP 比重超过 50%，严重挤压了第三产业占比，吉林省经济发展水平得分降低。

从协调水平上来看吉林省是一种中等水平协调。与安徽、福建、河南、四川、河北、湖北、湖南、黑龙江、重庆 9 省、直辖市为一个群体行列，而且五年内变化不大。在这个群体中，主要是西部地区、中部地区，东部地区省份较少，经济发展高水平地区较少。从东中西部的地域角度来看，我国东部、中部、西部的高等教育发展与经济发展水平之间的协调关系特征明显不同。东部地区省份，比如北京、上海、江苏等地区处于强协调、协调、基本协调类型的高水平协调水平的省份较多；中部地区处于协调、基本协调的中等协调水平的省份居多；然而西部地区虽然也有强协调类型的省份如西藏，但总体看来低水平协调的省份居多，比如内蒙古、陕西等。吉林省属于东部地区范围，但是属于基本协调的中等协调水平。

总体来看，吉林省高等教育发展与区域经济发展的之间协调类型总体属于始终较为平稳的"基本协调"类型行列的"中等协调水平"，高等教育的发展超前于区域经济发展，五年内性质平稳，没有发生质的改变，但两者之间协调程度有走弱的趋势，差距在逐渐扩大，呈现出不均衡、差异发展的趋势。吉林省的协调类型与江苏省、北京市等省区有根本区别，即这种协调是高等教育、经济两个社会子系统都未获得充分发展背景下的一种较低水平协调，而江苏省则是一种高等教育与经济两个系统都获得了较为充分发展较高水平协调；这种协调，也不同于广东等省份的协调类型，广东省的协调性虽然也不好，但是经济发展绝对超前的高水平发展，相对应经济发展的绝对超前，高等教育的发展则显得滞后于经济发展，两者的等级差虽然 2006 年为 4、2011 年为 7，差距比吉林省的差距要大，但是总体的综合排名水平属于高水平协调的行列。

但总体来说，吉林省的状况要比内蒙古、陕西、甘肃等省份的协调状态乐观。吉林省还不像这些省份一样无论是从协调类型的角度还是从协调水平的角度测度，都是处于低水平协调的状态。

三、简短的结论

综合来看，第一，吉林省的高等教育与经济发展之间，属于一种"基本协调"类型行列的"中等协调水平"；第二，吉林省的高等教育发展要略好于经济发展；第三，在近些年来，高等教育与区域经济之间的协调状况有走低的趋势。

吉林省的这种基本协调类型、中等协调水平的结果判定，都是建立在吉林省的高等教育、经济发展水平与其他省份相比，都没有获得充分发展的基础上的。即吉林省高等教育、经济发展水平都不高的基础上的一种较低水平、层次不高的协调状态。

具体而言，从吉林省的历时态的角度来看，近二十年的时间里，吉林省的高等教育水平指数保持了稳步上升的态势；经济发展水平多为正向指标，经济发展水平呈现波动式上升，且存在相互制约的评价指标。然而从两者协调情况来看，主要是处于比较协调的区间。有的年份比如说 1997 年出现了一种很协调的理想协调状态，但是总体来看以比较协调为主，即意味着两者发展水平虽然都不是很高，但两者协调状况还不错，基本不存在高等教育过度或者经济水平超前高等教育的情况。从两者的协调度曲线可以看出，往往经济发展水平指数超越高等教育水平指数时，两者的协调度较低。

从全国的 31 省份比较的角度来看，吉林省的总体协调状况与趋势不容乐观。协调类型上总体属于始终较为平稳的"基本协调"类型行列的"中等协调水平"，高等教育超前于区域经济发展，五年内两者趋势变化不大。

与吉林省相比，强协调省份有江苏、上海、天津、山东、湖南、安徽、四川、西藏。协调省份有天津、海南、北京、上海、河南、山东、青海、宁夏、贵州、云南。

这些省份协调程度都优于吉林省，即使很多省份的高等教育发展水平、经济发展水平等排名虽然还不如吉林省，但是协调程度也要远远好于吉林省，说明吉林省在现有协调发展水平的基础上，还有很大的上升空间，两者的协调状况可以做到更好。

吉林省的高等教育对经济增长的贡献率与全国水平相比处于比较低的水平。通过对吉林省2001～2012年吉林省高等教育和经济增长统计数据分析，可以看出，吉林省教育综合指数年均增长率和人均受高等教育年数年均增长率与全国平均水平相比较低，高等教育发展水平表现出较低的增长速度。

第六章
低水平适应的影响因素分析

从吉林省区域内部而言，吉林省的高等教育与区域经济发展之间协调类型以基本协调为主，协调关系状况还算不错。然而，一旦从全国 31 个省级区域进行比较的角度来看，吉林省的高等教育与区域经济发展就仅仅处于一种中等协调的水平，而且属于基本协调的行列，与北京、上海等省市地区的协调水平相比有着巨大的差距。而且，吉林省的高等教育发展与经济发展水平相比要略好，两者的协调发展有走低趋势，总体来看也不容乐观，且吉林省高等教育对经济增长的贡献率也明显低于全国的平均水平。

就这一结果而言，之所以能形成这种协调度发展格局，主要与吉林省高等教育发展水平、吉林省经济发展水平，以及高等教育适应经济发展的一系列做法之间都有着密不可分的关联。

第一节 "二产"为主的产业结构限制经济增长

从第四章中我们对吉林省经济发展状况的总体分析，以及第五章中我们对全国经济发展水平的排名分析来看，吉林省经济发展是以第二产业为主，经济发展水平还相对较低。这种以第二产业而不是第三产业为主、以知识经济带动社会整体发展的现实趋势，是造成目前经济发展水平不高的主要原因之一。

一、吉林省主要的经济增长点

客观地就吉林省而言，吉林省的经济增长点主要集中于交通运输设备制造、石化产业、农副产品加工产业、医药产业这几个领域。吉林省的三大支柱产业分别为汽车、石化、农产品加工。这三大支柱产业，包括优势产业的医药、电子，从 2004 年开始的增加值和利润比例基本稳定地占到全省规模以上工业比例的百分之七十。可以说这三大支柱产业、两大优势产业成为了吉林省经济的基石。

（一）交通运输设备制造业产业集群

吉林省的第一大支柱产业是以汽车产业为主的交通运输设备制造。近些年来，政府为鼓励汽车产业集群的发展，从整体的区域布局、政策支持、基地建设等方面给予了支持。吉林省的运输设备制造，主要以汽车制造为主。总体来看，目前形成了以"一汽"为核心的，各种汽车零部件生产为配套，各种汽车服务为补充的产业集群。截至 2011 年，吉林省拥有规模以上交通运输设备制造企业417 家，其中汽车制造企业 387 家，占比 92.8%，交通运输设备制造企业实现工业总产值 4879.5 亿元；其中汽车制造企业实现工业总产值 4608.6 亿元，占比94.4%（吉林省统计局，2012）。

在吉林省，主要的经济发动机、经济前进的引擎、经济的"晴雨表"就是汽车产业。一汽汽车产量雄踞国内第一，成为了目前我国国内经济规模最大的汽车产业集团。一汽集团不断巩固国内市场，同时在开拓国外市场的基础上建立起了全球性的营销体系、采购体系。一汽集团是一个综合性的汽车生产集团，生产形成中、重、轻、轿、客、微产品系列格局。一汽在长春生产的整车产品有：卡车类包括解放牌的多种类型卡车；轿车包括红旗系列、奔腾系列为自主品牌，大众品牌的迈腾、CC、高尔夫、速腾、宝来、捷达，丰田品牌的 RAV4，马自达轿车，等等。

到目前为止，一汽集团累计产销各类汽车 2400 余万辆，基本形成了华北、华南、东北和西南四大基地。这些基地分布于吉林、长春、哈尔滨、大连、北京、天津、青岛、无锡、成都、柳州、曲靖、佛山、海口等城市。

同时，在一汽集团的带动下，汽车零部件制造的产业得到了迅速发展。零部件制造企业通过各种合作形式发展起来，比如海拉车灯制造、富奥制造等已经具有了相当规模和实力的企业迅速发展壮大。

一汽集团的发展，虽然对于吉林省来说是最主要的核心支柱产业，但是自身发展也存在着诸多难以回避的问题，主要存在自主创新能力差、国际竞争力不足、产业集群度低、配套产业发展滞后等问题。

第一，自主创新能力差。一汽所存在的创新问题也是国内汽车业的通病，即一味地模仿。到目前为止，一汽只有解放、红旗两个完全自主知识产权的品牌。而且，一汽集团用于研发的费用仅占销售收入平均值的3.2%左右，而国际化的汽车集团在整车研发上的投入几乎占到了销售收入平均值的四成。

第二，国际竞争力不足。国际汽车市场到目前为止仍然被几大汽车集团垄断，吉林省国际竞争力不足体现在方方面面。比如整车的销售，因为缺乏自主知识产权，因此大部分是合资车，销售市场仅仅限于国内，与其他品牌的国外车相比就处于明显的劣势，因此，国际分工就处于低档水平。再比如说零部件生产，吉林省的零部件配套基本上都是一些传统部件生产，层次低，技术含量低，因此产品的附加值就更低。从数量上来看，为一汽配套的零部件生产，吉林省有200多家，在全国范围内有上千家，吉林省只占到了很小的份额，因此，对区域经济的拉动能力有限。

第三，产业集群度低。吉林省的汽车产业，尚未形成像美国的底特律、日本的丰田城那样的大的产业集群，没有形成很高的汽车产业竞争力。

第四，配套产业发展滞后。在国际汽车市场上，成熟的汽车市场产业链是以汽车服务业为主，整车制造占1/5，供应链利润占1/5，而汽车服务则占到3/5。整体来看，利润最高的是汽车服务，但是吉林省的汽车服务业发展缓慢，层次较低。

（二）石化产业集群

石化产业是吉林省的第二大支柱产业。吉林省的生物化工、无机化工、化肥、油页岩化工全国领先；其他方面业务还涵盖了石油开采及加工、橡胶及加工、基本化工原料、化学试剂、合成树脂等，多种门类的生产企业。石化产业基本形成了以吉林油田、吉林石化两大企业为龙头，以长山化肥、长春大成、四平昊华、龙腾能源几个重点企业为依托的集群化发展格局。其中吉化公司、四平昊华是央企，其他多数属于中小企业。

虽然石化企业的发展基本形成了集聚化格局，但是发展存在着诸多瓶颈和问题。比如：

第一，整体来看整个行业的效益并不好。大部分企业遭受着来自下游的需求不旺盛、生产要素成本逐渐提高的双重压力，两方面压力直接带来了效益的下滑。另外，除了吉化公司、四平昊华等央企之外，其他的一些中小企业，它们的企业规模并不大，技术含量较低，销售的市场也主要依靠省外导致物流成本较高，使得省内的很多炼油厂基本都处于亏损状态。吉林油田总体效益较好，其他石化企业效益不佳。

第二，运行成本不断提高。目前环保、安全、水电费、人力等各个方面的价格都在不断提升，从而使企业运营的成本在不断加大。现实的情况就是利润空间越来越小，但是运营的成本越来越高，企业经营越来越困难。首先是税费增长快，石油化工行业的财务成本高达 39.5 元。其次是主营业务成本高。根据统计测算，吉林省的石油化工行业中，每百元的主营业务成本是 83.3 元，化工销售成本为 87.1 元，上升 11.7 个百分点。因为石化行业大多是危险品生产企业，企业生产的安全成本也不断提高。目前有一部分企业设备简陋、安全投入较少，安全形势严峻，不断加强安全生产也使得部分企业的运营成本增加（贾领军、刘健，2012）。

第三，所处的经济环境不容乐观。从 2013 年以来，国内外整体的经济环境都不理想。欧美等发达国家的经济发展持续低迷，中东地区的整体局势并不稳定，国外的经济环境带来的是石化企业的需求减弱。国内外的整体需求不足将在最近一个时期内持续较长时间。然而受国内外整体经济形势影响，吉林省的石化行业也面临着需求不足的问题。另外，就石油、天然气开采而言，产量较高的老井生产能力在递减，新井的开发以及产出能力又不足，总体的原油开采量不会有很大提升。下游的炼油行业因为原油产量的不足而在生产负荷上增加困难，炼油行业也因为目前的定价机制而始终处于亏损状态。化工行业的产品附加值比较低，产业链条也较短，因此效益也不理想。

（三）农副食品加工业产业集群

农副产品加工也是吉林省的支柱产业之一。到目前为止，吉林省的农副产品加工已经初步形成了以玉米深加工为主导且国内领先,其他粮食深加工、生态食品加工、肉类食品加工为体系的集群式发展格局。长春大成、吉林德大、长春皓月等大型企业的建成,初步形成了具有较强竞争力的农副产品加工企业集团,这些集团规模大、核心竞争力非常强。比如 2011 年,农副食品加工业实现工业总产值 2194.6 亿元,规模以上企业 821 个,企业数量在吉林省各行业中居首位。

吉林省的玉米、猪牛羊、禽类生产加工、人参等名贵中药材的生产加工其规模与水平在全国都处于较为领先的地位。尤其吉林省的玉米,人均占有量、商品量都排在全国各个省市的首位,是名副其实的农业大省。

(四) 医药制造业产业集群

总体来看,吉林省的医药制造,也初步形成了产业集群,省内有 "4 个医药园区" "12 个中药产业基地县"。吉林省的医药制造,主要以生产中成药为主,另外生物制药、化学制药、医疗器械等作为补充。2012 年,全省医药制造业共实现销售产值超 1550 亿元,同比增长 34.7%。其中,规模以上医药制造业实现销售产值 1034.5 亿元,同比增长 18.3%,迈上千亿元新台阶(许晶,2013)。

(五) 其他产业集群发展状况

吉林省初步形成了冶金产业集群,集群涵盖通钢集团、中钢吉铁、中钢吉炭、吉林昊融有色集团,主要以钢铁、冶金炉料、有色金属采矿及冶炼加工为主。

以松原市、长春市双阳区为核心初步形成了矿产资源产业集群,另外延边、吉林、白山、通化等地的矿产资源开发与加工基地也在逐步成熟。

酒类、饮料等产业集群起步较晚,特征尚不明显。饮料产业布局主要以长春、吉林、白山、通化为主。

吉林省的金融、旅游、物流、电信服务等现代服务行业发展迅速,对整个吉林省的经济增长贡献比例上升明显。比如电信服务行业的业务量达到了年均增长 20% 的增速。如 2003 年业务量为 200100 亿元,到 2008 年就增长到了 438185 亿元。

二、吉林省产业结构的主要问题

（一）二、三产业对经济增长贡献占主导地位，尚未形成"三二一"产业结构

国民经济的构成主要是由三次产业构成。因为三次产业发展速度不一样，因此产业结构的比例是不同的。三大产业结构具有一定的产业结构演变规律。在一般情况下，随着经济水平的不断发展，劳动者的收入会随之提高。由此会带来产业间的产品附加值出现差异衍生带来劳动者收入的差异，因此会导致资本、劳动力等由第一产业向着第二产业逐渐转移；然而当劳动者们的收入再进一步提升时，劳动者对社会服务的需求就会快速增长，有了需求之资本，劳动力又会快速地向第三产业转移。与这样的资本、劳动力转移的规律相适应，三次产业增加值的比重也会匹配性地发生变化。一般都是一产比重逐渐下降，二产比重首先会快速上升，之后也会逐渐转为下降；然而三产则会随着经济发展的水平提高经历不断提升、徘徊、再上升的螺旋上升的变化过程，在越现代化的社会中，三产越会成为整个国民经济的最大产业。[①] 产业运动规律、总体趋势如下：农业→轻工业→基础产业→重化工业→高附加值加工工业→现代服务业、知识经济。由产业结构发展看，是由低级→高级不断上升变化；由量上看，是产业由小到大不断扩张。然而就具体的国家发展而言，我们从世界上大部分发达国家的产业结构发展路径上来看，基本上要经历以下发展路径：一二三→二一三→二三一→三二一，较为理想的产业结构，即三者之间的最优比例为"三二一"格局。

虽然吉林省的产业结构调整到目前为止有了比较大的成绩，产业结构中的不合理现象、部分失衡的问题等被解决，但是问题仍然存在。吉林省的产业结构与其他沿海发达省份的产业结构相比，差距还比较大。

从20世纪90年代中期开始，吉林省的第二产业增加值就比较稳定地超过一产，产业结构进入了"二三一"的发展阶段。我们总览一下吉林省1997年到2011年14年间的产业机构状况，可以发现，经过14年的发展，吉林省的产业结

---

① 到目前为止，很多西方的发达国家其第三产业在国民生产总值中所占的比例都已超过60%。美国等发达国家已经达到70%以上。这些发达国家的第三产业已经成为了国民经济的支柱产业。

构三次产业总体格局虽然始终保持"二三一"的结构，但各产业所占比重却有所变化。吉林省地区经济总量增长到目前为止开始主要由第一、第二产业带动转为主要由第二、第三产业带动。吉林省的产业结构离理想的最优结构尚有比较大的距离，随着经济的不断发展、社会的不断进步，吉林省的产业结构在不断调整的过程中，逐渐向着更加合理的方向迈进，产业结构调整正在取得效果。一产的比重正在逐渐下降，二产的比重稳步上升，而三产的比重增长不大。目前吉林省经济应该说总体上处于工业化的后期加速发展阶段，这个时期的总体特点就是一产比重会明显下降，二产的比重特别是工业增长加速，其比重会非常明显地上升，而三产的比重会明显提高。吉林省的产业结构变化特点基本上与所处的工业化进程阶段比较一致。

第一产业的比重 1997 年是 25.4%，2011 年为 12.1%，下降了 13.3 个百分点；第二产业的比重 1997 年为 39.8%，2011 年为 53.1%，上升了 13.3 个百分点；第三产业的比重 1997 年为 34.8%，2011 年为 34.8%，第三产业没有发生变化。且 2011 年三次产业对经济增长的贡献率分别为 4.5%、66.7% 和 28.8%（1997 年全国三次产业对经济增长的贡献率分别为 6.7%、59.7%、33.5%；2011 年分别为 4.6%、51.6%、43.8%）。

从总体趋势来看，第一产业比重正在减少，第二产业的比重正在增加，而第三产业的比重与 1997 年相比基本持平。第三产业的发展在未来正在成为吉林省经济增长的新的增长点，为吉林省的经济增长不断注入生机与活力。就吉林省 2011 年的数据分析而言，第一产业对经济增长的贡献率与全国基本持平；第二产业对经济增长的贡献率要高于全国平均水平，高出 15.1 个百分点；第三产业对经济增长的贡献率则低于全国平均水平 15 个百分点。国民经济总量增长转为由二、三产业带动，吉林省的产业结构调整已经从量的积累完成了第一次质的飞跃。但主要的经济增长贡献还是来源于第二产业，第三产业的活力还没有被完全释放出来。

（二）抵抗经济波动能力较差

吉林省的产业结构中以传统的制造业为主，占了很大比重。这种类型的产业结构，很大的缺陷就是对抗经济波动的缓冲能力弱。吉林省的加工制造业中主要以汽车、石化、农副产品加工三大支柱产业为主。三大支柱产业的比重占到了规模以上加工工业的六成左右。以传统的制造业为主的产业结构特点，容易产生低水平竞争、投资的边际效益递减、经济增长依靠规模拉动缺乏技术带动等问题。低水平竞争导致对经济景气程度依赖非常高，经济环境景气则效益好，不景气则业绩下滑的风险加大。尤其是吉林省的经济增长方式主要靠规模拉动，高新技术产业的比例比较低，这种发展的结构和模式在目前国内外市场已经日趋饱和的状况下，未来发展的空间不断缩小，发生产能过剩的可能性就越来越大。

（三）经济增长方式较为粗放

吉林省经济发展的增长方式仍然是高能耗、高污染、低技术的粗放型增长。第一，高能耗，即经济增长中的能耗居高不下，与全国其他省份相比处于较高水平。第二，高污染，即经济增长中的环境问题非常突出，以汽车、石化、玉米深加工等为支柱产业的产业结构，其工业高排放所带来的水污染、空气污染、工业垃圾等问题仍然比较严重。尤其农业生产中的农药、化肥所带来的污染在继续扩大。

综上所述，产业结构上所存在的根本性问题，是造成目前吉林省高等教育与区域经济协调度在全国范围内比较低水平的主要因素。产业结构的不合理，就直接制约了经济发展的速度，经济增长速度与质量不高，就没有办法实现更高更好水平的协调。

第二节　吉林省高等教育发展水平仍旧较低

从第四章的高等教育发展统计以及第五章节基于全国排名的角度来看，相对于吉林省的经济发展水平，吉林省高等教育的综合发展水平要稍微好一些。但是从全国比较的角度来看，吉林省的高等教育发展水平也只是中等水平而已，31个省份中排名仅位于第10名到第20名之间。

就现实的实际而言，吉林省的高等教育，尚未发挥出高等教育应有的"知识经济社会主导社会前进"的职能。作为社会的子系统，教育的发展离不开一定的社会环境和社会条件而存在。同样，高等教育的发展概莫能外，在一定程度上受到内外部因素的制约，包括区域因素、财政资源、高精尖人力资源、地域布局、管理体制、教育结构。

（一）区域因素

地缘优势对高等教育发展是至关重要的。吉林省地处我国的东北部，从全国的范围来看，地缘上并不存在优势可言。因此，整个吉林省的教育与其他华东、华中、华南等地区的高等教育发展相比，在综合竞争力、投入、基础设施、科研产出、成果转换、学科发展、学科竞争力等方面都具有很大差距。而且，整个吉林省所处的东北部地区，与我国南部相比，市场经济环境发育相对来说不够完善，更加保守、封闭。这样的环境不利于作为公共组织的高等教育体系的快速发展，尤其是适应市场经济环境的快速发展。

（二）财政资源

吉林省属于"穷省"办大教育，能否妥善解决高等教育经费紧缺难题，是困扰吉林省高等教育未来发展的一个难题。这种难题之难主要来自两个方面：第一，尚未形成多元化的高等教育投资体制。目前吉林省的高等教育投入，主要以政府的投入为主，社会办学、举办者投入等机制尚未形成、成熟；第二，高等教育经费投入与全国范围其他省份相比差距较大。总体来说，高等教育经济主要依靠财政投入，负债多、压力大、来源单一。

（三）高精尖人力资源

对吉林省而言，虽然高等教育超前于经济发展，但是高等教育所培养出的高精尖人才比较难以留在吉林省产生更大的效应。吉林省比较难吸引到高层次、高水平的拔尖人才，更加充分地发挥高等教育自身所具有的经济功能。

（四）地域布局

吉林省普通高等学校 58 所，其中长春市 39 所，占 67%；吉林市 5 所，占 8.6%；四平市 5 所，占 8.6%；白城市 3 所，占 5.2%；辽源市 1 所，占 1.7%；白山市 1 所，占 1.7%；松原市 1 所，占 1.7%。从这些数据，可以非常明显地分析出吉林省高等教育的地域分布处于一种分布不均的状态，近七成的高校集中于省会城市。从地域分布来讲，研究型、综合性的大学，以科研为重点的大学以及研究机构集中于生活城市，便于学科发展与交流，是非常必要的。相对来说，一些应用型的技术人才培养的高等院校可以适当往其他城市分布，以适应经济结构调整、产业升级等所带来的中小城市对人才的极度渴求。但就目前而言，吉林省的中小城市很少有高校存在，也难以留住、吸引外来的优秀人才。由此，中小城市还难以从人力资源的优势中充分获益，促进经济快速发展。

（五）管理体制

管理体制的问题主要包括高等教育管理体制的问题以及高校内部管理体制的问题两个方面。就高等教育管理体制问题而言，即吉林省高等教育管理的主体——政府，所存在的越位、缺位的情况较多，存在"大政府"的问题，由此，对市场经济的需要缺乏灵活、灵敏的反应；然而就高等学校内部管理而言，行政权力、学术权力较难耦合，行政干预过度，面向社会、市场办学的能力还需要进一步提升。

（六）教育结构

第一，学科专业结构的区域服务指向性不强。部分高校的学科门类少，学校的发展定位不清晰，因此造成学科专业设置、学科特色不强，与区域经济发展需要结合不紧密。

第二，各种类型、层次结构还不合理。主要表现在龙头性、引领性的"211""985"高校较少，仅有两所。其中一所还是师范类院校，与地方经济发展相关性较弱。职业技术类的院校较少，而且普遍性的发展水平、层次都很低，没有一所全国知名的技术类院校。

第三节　吉林省高等教育对经济发展的适应性较弱

造成吉林省高等教育与经济发展之间的低水平协调，高等教育对经济增长贡献率不高的另一重要因素是吉林省高等教育还缺少对经济发展的适应性。换句话说，吉林省的高等教育，因为受到国家主义特征的高等教育管理体制的影响，受到省级高等教育管理部门的限制，受到高校面向市场、服务市场需求办学的自主办学能力的影响，所以办学效益不高。高等学校办高等教育，更多的是"向上看"地面对政府管控，较少可能的"向下看"地面对市场，高等教育与经济发展要非常理想地实现协调发展的可能性就更小。

一、国家级教育管理部门：国家主义[①]特征的高等教育管理体制[②]

如同学者方江山所说，历史的发展往往有它自身的"路径依赖"，对于我国来说，这种历史的路径依赖或制度遗产主要来源于"传统政治体制、新民主主义政治体制、中国共产党战争时代的政治制度、苏联的政治模式、'文革'政治模式以及马克思主义理想政治模式"（方江山，2000）。当然，这种依赖有积极影响，如民本、群众观念、为人民服务等规范性制度，这些正向的核心成为了权力运作的核心心理机制与道德规约；同时也带来了消极影响，比如权力运作过程中所产生的个人专断、权力主体唯官唯上唯权。因此，本节有关的研究分析，将重点从这种制度遗产对高等教育管理的影响所产生的内在因素展开分析。

关于内在的相对可控的因素分析来说，首先要从深层次予以考量的因素就是权力。也许权力的安排、权力的运行机制、权力的内在结构、权力的逐级分配等，无论是从历史角度还是现实角度来说，都是深刻影响社会以及生存于这个社会中的公民们的最重要因素。权力作为一种广泛的社会资源，既可以成就伟大事业，用以造福人类，又可以被人滥用，造就人间的各种灾难。

---

①　从马基雅维利提出使用国家主义的词汇开始，不同的理论家给予过各种界定，不同的工具书等给予过各种内涵，不同地域的实践者们从不同角度实践国家主义，但是即使是这样，国家主义无论被怎么解读诠释，都没有脱离它们的本质特征，本质特征无论是在理论层面还是实践层面都没有发生过变化，即始终如一地坚持国家的正义性，坚持国家为价值本位，坚持国家利益至上，坚持通过国家权力运作贯彻国家意志，坚持在最终的目标上实现国家层面上的统一、稳定与和谐。从实践的角度来说，正如学者宋洁绚所说："从来没有任何一个国家会完全放弃国家主义，他们总是熟练地操纵着国民的'国家'情结，通过国家权力整合社会资源，贯彻国家意志，保持对内对外政策的持续性和最大获益。"

②　这里所说的国家主义特征的高等教育管理体制其执行的主体及其体制结构，主要指的是一种国家层面的高等教育管理主体，在本书中，与省级层面的高等教育管理主体作一区分。因为省级高等教育管理部门，从一定意义上来说，在我国的语境中只是国家教育管理部门的"代言人""实践者"和"执行者"。

关于权力的认识，不同的研究者曾经做出过不同层次的探索。比如亚里士多德、马基雅维利、布丹等哲学家政治学家等从政治哲学的角度研究讨论权力，洛克、孟德斯鸠、霍布斯、卢梭、杰斐逊、汉密尔顿、黑格尔等哲学家法学家等从法哲学与宪政的角度研究讨论权力，韦伯、托夫勒等人从社会学的角度研究探讨权力。

关于究竟什么是权力，权力到底包含着什么内涵，有着多个角度的界定。比如《当代世界政治实用百科全书》对"权力"做出了两种解释："一般把它解释为政治掌权者在一定基础上强使他人屈服于个人意志或国家法律的力量。任何权力都有一定的条件限制。同权威相比，权力的实现更带有强制性，包括暴力性和武力强制性。"也有人将它解释为掌权者根据需要影响他人的能力。

《布莱克维尔政治学百科全书》对"权力"做了这样的解释："权力是一个在本质上有争议的概念……大多数分析家们还是承认，权力基本上是指一个行为者或机构影响其他行为者或机构的态度和行为的能力。"

马克斯·韦伯（1998）把权力定义为："权力意味着在一种社会关系里哪怕是遇到反对也能贯彻自己意志的任何机会，不管这种机会是建立在什么基础之上。"

但无论把权力从何种角度做出何种解释，权力都有一种贯彻意志与服从意志、命令与服从、强迫强制力与屈服的意味。同样，到了国家权力的角度，这种强迫与服从、压制与屈服的意味更加浓烈。《当代世界政治实用百科全书》中将"国家权力"定义为：统治者运用国家机器实行统治的一种特殊的社会权力。通常以国家宪法、法律、法令、命令和带有强制性的各种决定、规定、通知等形式加以颁布和确认。它具有强制性、主权性和普遍的约束力。其强制性主要由军队、警察、法庭、监狱等有系统的暴力组织保证其实现；主权性表现为不受任何外来的干涉和支配，独立自主地行使这种权力；普遍的约束力即国家权力要施及全体国民。在《国家、战争与资本主义》一书中，迈克尔·曼区分了两个层面的国家权力，其一是国家的专制权力，其二是国家的基础性权力（Michael Mann，1988）。

在高等教育的管理方面，有关高等教育的管理权力总体按照管理体制的层级来划分的话被分配到了高等学校的权力、地方教育管理部门的权力、国家级教育管理部门的权力几个层级之中。① 可以说，到目前为止，对高等教育产生最大影响，也是对高等教育与社会发展之间产生最大影响的最主要因素就是这种"国家主义"倾向的权力分配与控制、运行机制。在教育领域，地方教育包括高等教育在内都是直接由地方政府包括专门的地方政府教育管理部门管理，但地方政府必须依照国家教育政策、法规进行管理。高等教育虽然要求自治、自主办学，但是它却处于权力运行机制的最末端、权力配置的最末端，权力运行与发挥空间最小，受到了"国家主义"的权力运行机制的大力挤压。

无论是从我国的教育部所制定的一系列高等教育管理政策，还是权力的分配、体制的安排、制度的安排、实践的操作等，都非常明显地体现出了一种国家主义的特征。这种国家主义特征使得其下所属的省级高等教育管理，包括高等教育的办学主体高等学校，无论是从办学理念、价值追求上还是从办学实践上都体现出了一种强烈的国家主义倾向。这种国家主义的倾向与现行的社会主义市场经济体制内在机制所要求的以市场需求为主的需求形成了一定的矛盾。这种内在矛盾的存在，造成了高等教育发展与区域性的经济发展的失调。

这里所说的国家主义，从实践上来看是一种社会的控制和运行机制，在这种控制和运行机制中，无论是政治还是文化、经济、教育等方面的制度都体现出一种强烈、高度的国家控制特征。我国的高等教育管理从运作模式上看以国家权力至上为内在的精神；从价值取向层面来看，具有对内追求统一、步调一致而对外则追求国家主权、国家利益、国家威望；从意识层面来看，则以国家为本位，高等教育的管理面向其内部下属机构集中体现国家意志。这种国家主义特征的政策、制度、权力等都是在国家至上的原则与信念下展开的，整个体系为国家的目标、主权、繁荣、强盛、独立、持续发展，促进民众与国家意志认识趋同、强化国家凝聚力、维护政局稳定等做出各种努力。我国的高等教育管理，无论是从最起点的决定招生规模的招生体制，还是涉及高等学校的办学、结构、质量等，都体现出了肩负着一种神圣的国家意志。

从诸多方面的实践都可以观测出我国高等教育管理的国家主义特征。比如

---

① 实际上，权力首先包括各种各样的状态，正如罗素在《权力论》中所分的那样，包括教权、王权、革命权力、经济权力、支配舆论的权力等各种权力形态。同时权力与各种领域存在着交叉与联系，比如权力与政体、权力与道德、权力与组织及个人的关系，权力哲学和伦理学等。同理，就同一项权力而言，比如政治权力，比如高等教育权力，也存在多个层次或者层级。

20 世纪 50 年代的高等学校合并与重组就体现着浓重的国家主义特征。1950 年，教育部对有关高等学校的批示中强调："今后开设新学系，必须日益专门化，不应拼凑成立"；"高等学校的主要任务，是在培养新中国建设人才，故各高等学校为配合业务部门需要干部之计划，将校中原有系组向专门化方向发展，是符合建设需要的"。此后，全国各个高校四分之三进行了调整，综合性大学从 55 所减少为 14 所，高校数量由 211 所变为 201 所，私立大学改为公立，等等。从中华人民共和国成立之初的高等教育调整，就体现出了强烈、浓厚的国家意志特征。

之后的"211 工程"、"985"工程包括近些年来的高等教育扩招，也体现着浓厚的国家主义特征，体现着为国家目标服务、为国家政治经济发展服务的目标导向。这些具有重大里程碑影响意义的高等教育管理、改革都是一种国家行为，自始至终由国家主导，自上而下由教育行政部门通过制定有关的改革方针与政策来掌握改革的全过程（宋洁绚，2009）。

国家主义特征的高等教育管理体制对省级高等教育管理部门包括高等学校办学主体的影响可谓是表现在管理以及办学的各个方面，但是起核心作用的还是评价的导向作用。我国的高等教育评价到目前为止，主要以政府自上而下的评价为主，注重结果性评价，注重硬指标评价，注重纵向评价，注重数据评价。这些政府评价的导向，直接决定了高等教育按照评价的"指挥棒"走，政府指向哪里，高等教育就发展到哪里。高等教育的办学主体，更多的是考虑政府"希望我们做什么"，而不是"应该根据社会的发展需求做什么"。

第一，评价标准单一"一刀切"。我国的高等教育评价，无论地域、学校类别、文理、是否是科研机构，都是一套统一的评价标准。从地域方面看，无论是地处东中西部的哪里，都是同一评价标准；从类型方面看，无论研究类大学还是教学类大学、技术大学，都是同一标准；从学科性质看，无论是文科大学还是理工科类，也都是一条标准。

第二，评价制度的导向"异化"。主要表现在学术评价上重量轻质，制度执行上做法扭曲，制度产出成果运用上异化。比如制度产出成果运用，因为其注重数量化的导向，导致了办学实践中学校重视规模化、数量化发展，轻视内涵质量和效益的总体。无论什么样类别的学校，都是"千校一面"的办学，特色办学、多元化办学不足。学校中的很多教师追求"短平快"，学术造假泛滥，根本无心踏踏实实做学问。尤其学校重视排名而带来了办学主体本身忽视人才的培养问题，忽视科学研究，忽视社会服务能力等成果对国民经济建设在社会进步中的作用发挥。

第三，评价体系尚有待进一步丰富完善。从评价目的看，我国的高等教育评价，注重结果的定性，以不合格、合格、良好等做等级鉴定。但国外大部分国家在评价目的上注重的是改进和发展。

从评价主体看，我国主要是政府，国外更多的是第三方的中立机构评价承担，相对独立、中立。

从评价方式看，国外的更加重视地域、学校类别、性质、专业等方面的区别性评价，我国采取"一刀切"，忽视学科、类型等特性。而且虽然我们尽量做到定量与定性结合，但是主要还是以定量为主。

从评价内容看，我国更加注重对所有方面的数据分析，比如学科评价、科研评价、教师评价等，国外更加注重教学评价、科研评价等分类性的评价。

通过比较，我们可以分析出我们重结果、重量化、重政府评价的评价特点，较为缺少分类评价、第三方评价。

目前，我国高校办学水平的评价由高校的行政管理部门来组织实施，教育行政部门评价高等学校办学就是一种行政管理。尽管这种行政管理的评价是以促进学校发展为目的的，对高校具有诊断、激励的功能，但是行政管理的目的是以绩效的方式对待处理的。特别是标准化的同一性评价直接损害的就是高等学校的办学自主性，最直接导致的就是办学资源配置上的扭曲。国家的行政管理怎么评，高校就怎么配置办学资源。标准化的评价导向直接导致最后高等学校失去"办学特色"[1]，失去"面向社会需求办学"的动力机制。

二、省级高等教育管理部门：尚未充分发挥好战略性宏观调控职能

笔者：现在高校毕业生毕业出现就业困难，就业岗位的性价比下降，是否与高等教育的规模过度扩张有必然关系？

---

[1]　高等学校到底是办成全国都有统一的方向，还是各自具有办学特色，是一个主观价值判断的问题。选择两者中的任何一种方式都可以。但是从社会的主流价值观来看，高校的办学特色还是比较重要。主要是出于两个方面的原因：第一，人是有个性差异的，个性发展的差异性促使高等学校办学要具有特色；第二，社会的发展具有多种多样的人才需求，因此高等学校办学也要实现特色化。

省属××大学校长：现在高校毕业生就业难很大一部分原因是盲目扩招所致。高校办学注重"本位性扩张"而忽略了社会和人力市场的真正需要能力。

从高等学校的管理者所使用的"本位性扩张"一词来看，可以从高等教育办学主体的角度一目了然地折射出作为直接的省级高等教育部门以及管理者在战略性宏观调控的职能发挥方面尚有非常多的工作空间可以提升。

从一定意义上说，省级教育管理部门中，尤其是专门负责高等教育管理的专职管理部门，在引领高等学校规模发展、结构发展、质量发展等方面工作的过程中，包括微观层面的学科专业设置、调整的宏观机制等，都仍然残留着传统计划经济时代较为深刻的影响，对于地处北方内陆省份的吉林省来说此方面的特点更是鲜明。这里所说的计划经济时代较为深刻的影响，主要表现就是作为省级教育管理部门，在社会主义市场经济条件下，还没有非常熟练地扮演好"高等学校→市场的用人需求"关系仲裁人、调控者的角色，没有非常好地形成作为承上启下的管理者所应该具有的战略管理能力。作为国家政府的下一级教育管理机构，其沿用的更多的是计划经济时代的思维和模式进行管理。很多工作中的一刀切、过度干预等都是计划经济时代的旧影残留。

在计划经济时代的经济体制下，高等学校发展作为一个比较封闭、保守的组织团体，因为基本上不用考虑市场的因素而具有较少的自主权。高等学校主要的任务就是把政府所下达的人才培养计划完成即可。把国家规定好的教学内容完成即可，把国家制定的总体教育宗旨实现即可。高等学校办学的各个方面，比如学校的性质、办学类型、招生规模、专业设置、专业的门类数量、学校教学计划、学生就业等一系列问题，都是在政府统一安排下展开的。高等学校与政府之间的关系是领导与被领导、管理与被管理的上下级关系，高等学校是政府的下级单位、附属部门，高校办学要完全听政府命令、号令。

因为是计划，所有高等学校不用考虑市场的当下和未来需要多少人才，都需要哪些方面专业的人才，所需要的人才要达到什么样的水平以及层次。高等学校要根据"市场"这个"大客户"的需求去设定相应的规模，设定什么样的学科与专业结构，这些方面的"大客户"的要求已经被自己的上级"政府"制定好了。高等学校的任务只是"执行"就可以了。

我们在这里说省级教育管理部门尤其是高等教育管理部门仍然没有较好地在

高等教育发展与经济发展水平之间做好"中间枢纽性"的仲裁人，说管理者身上仍然残留着计划经济时代较为深刻的影响，并非是要来抨击或者批判计划经济时代的高等教育管理思路不好。在特定的计划经济时代，必须要有这种计划性的高等教育管理思维去完成管理任务，在计划经济时代，这种计划性的管理思路是有着非常适宜的合法性、合理性的，是适应经济体制的根本要求。因为在计划经济时代办理高等教育的资源是极其有限的，政府有必要利用好有限的资源，统一进行调配控制，办好精英教育。尤其在计划经济时代，社会中对精英人才的需求量比较小，相应的高等教育规模较小，比如20世纪80年代左右，高等教育的毛入学率不足3%，高考录取率为7%左右，这种计划式的高等教育方式是完全可以满足高等教育发展的需要的。高等教育本身不需要去过多考虑社会需要多少人才，我们要根据社会对人才的需求相应地设计教育体制。高等教育只需要根据社会经济发展的计划性去有计划地培养人才即可。可以用一句话来概括，计划经济时代高等教育与市场需求之间的关系，即"高等学校与市场需求，在计划经济时代相互之间是有一道'屏障'的，这道'屏障'就是政府计划"。

我们要批判的是在计划经济体制向市场经济体制转变之后，省级高等教育管理部门仍然在管理中保留着计划经济体制时代的计划性管理方式，对"高等学校—市场需求"之间的关系没有及时地承担好仲裁人、协调人、调控者的角色。在市场经济体制下，真正知道市场需求多少人才、需求什么样的人才、应该如何根据市场的需要去设置办学目标及办学方略、如何根据办学目标增加什么专业及消灭什么专业等的主体是高等学校自身。应建立应对市场需要的反应机制。然而高等学校作为办学的主体，当知道市场的需求之后，会基于个体发展的需要去发展学校。当所有的省级高等学校都知道了市场需要什么样的人才之后，基于"短期利益"的追求，会不自觉地、不甘落后地、"一窝蜂式"地依据市场导向办学。这个时候就会出现"个体高校对市场需求应对的计划"与"整个区域内高等教育的无组织、无秩序"之间的矛盾。有了市场的需求，只要有能力培养相应人才的高校就都想"伸伸手分一杯羹"，开发相应的教育产品、投入相应的教育资源、增减相关的专业、调整相应的结构去适应市场的需求。假如很多高校都这样做，高等教育资源投入过度集中、过度重复、过度浪费，产品结构失调的现象就会随之产生。

这个矛盾出现的时候，就需要省级高等教育管理部门这个"大仲裁者"出现，来调整这个我国、吉林省都面临的高等教育发展的一大难题。在这个时候，作为政府管理者，既不能对自己管辖区域内高等学校的"自由竞争"，放任不管，又不能"过分干预"。因为过度、无序的自由竞争导致的就是重复和浪费，而过度干预又会破坏市场需要与高等学校之间形成的良好互动机制。政府需要做的就是基于长远考虑的"宏观调控"，这种长远考虑是站在国家、社会发展的中长期需要的全局角度的一种战略性管理，是一种间接的、非行政性的。目前，在吉林省内，当然这也是我国大部分省级教育管理部门的一个"共通"的弱点，就是还没有很好地承担起这种"宏观调控"的职能，在高等学校和市场需求之间建立好一种良好的"过滤机制"。

因为作为省级高等教育管理部门的管理主体，一定要认识到，在市场经济体制之下，面对这具有极大自发性、变化性、非常规性的市场，政府是没有能力，也不可能像计划经济时代那样包揽市场、控制市场、包揽人才培养，政府能做的是"四两拨千斤"地运用市场的机制去影响和调节市场。

三、高等学校：尚缺乏面向社会自主办学自主发展能力

笔者：您觉得过去的十五年（1999~2014）中，我们的高等教育的主要工作重心是"规模的扩张"还是"质量的提升"？

××大学××××学院院长：假如工作的重心要在规模扩张与质量提升二者做一些排位的话，肯定是规模的扩张。过去的十五年（1999~2014）中，××师大××××学院工作重心是继续"规模的扩张"，这里指也拓展一些边缘性新专业。总体是扩张。

这是一位师范类大学的学院院长对过去的十五年学院管理工作重心的一个基本的判断。学院可以说是一个大学的组织中最为"灵敏的触角""灵敏的感受器""最前端、最末梢的感受器"。

面对特殊的时代，高校的管理者处在一个极其特殊的发展时期，造成了高等教育发展与经济发展之间的低水平协调。高校的管理者们所面临的时代，之所以说特殊，是因为这个时代的我们正在逐渐走出"绝对的国家主义"的管控，中央给地方政府包括高等学校更多的办学自主权；这个时代，整个社会似乎浸淫在一种向"高等教育大众化跑步前进"的不断扩招节奏当中；这个时代，我们的

高校管理者曾经一度习惯了上级的行政命令，按照上级的"指示"去办学校，但是恰恰上级在给我们更多让我们自己"杀伐决断"的机会……面对这样特殊的环境，我们的高校管理者可以说从管理的观念上，到实践中"害怕错失战略机遇"的心理上，都没有完全适应面向社会自主办学的自主发展能力。面对着各种各样利益特别是短期利益的诱惑，多数高校容易在短期利益与长期利益的博弈当中迷失自我，选择"先抓住眼前利益"再说。

（一）办学价值观念仍旧浓重的国家主义逻辑

应该说，观念上的问题，是制约吉林省当前高等教育发展与经济发展水平相适应的根本性原因。可以说，无论是从规模的扩张上，还是从高等学校的学科专业设置、学科的结构设置与调整上，与经济的发展之间都存在着认识上的偏差。我们的高校，包括我们的政府都没有很好地形成高校主动适应社会发展、面向社会需要自主办学的专业发展取向。然而更多地影响我们办学的是上级部门的规划和办学思路。

之所以这种国家主义理念下的办学思路对高等学校的办学观念仍然有着这么浓厚的影响，导致办学的效益并不高，不是因为我们的高等教育不想面向社会办学，不想根据社会的实际发展需要去办学，而是因为当前政府对资源分配的方式决定了我们的高校必须更多地服从政府的规划安排。假如高校不遵从政府规划，就可能在资源获取中失去优势。因此，目前的资源配置方式使我们的高等学校很难建立起来面向社会自主办学的观念和机制，因而"适应社会经济发展的各种需求"与"服从规划"比较起来，就显得不那么重要了。获取资源为首要目的，至于社会经济发展水平的需要，则是下位层次的事情了。在这种资源流向体制下，高等学校如果难以获得更多的资源，高等教育就会落后于经济发展，从而谈不上为社会的经济发展服务；反之，假如高等学校获得了大量的资源，那么高等教育就可能超前于经济发展，即使这种超前已经造成了浪费，即使这种所谓的超前看似高等教育发展得好，但是其核心并没有做到真正意义上的"服务于、匹配于社会经济发展水平"。

（二）"先做大，再做强"的办学心理逻辑

"农业大学办起了外语学院"也许是对这种"先做大，再做强"的办学心理逻辑最好的注解。当然，不能说农业类的大学不能办理外语学院，农业类的大学办不好外语学院，而是这种现象背后所掩盖的，反映的是一个时代中政府资源的配置方式，由此衍生、造就了一种高校管理者正常的办学心理逻辑。

从前面章节对吉林省高等教育发展的统计中我们可以发现，在最近的十年间，吉林省的高等教育，总体上学校发展最为突出的特点，也可以说较为核心的成就就是学校规模的扩大。这是一种把学校规模、学科专业数量与学校综合办学实力、水平、影响力画等号的逻辑。从学校所制定的发展规划、发展战略中也可以发现，几乎所有学校的规划都侧重于数量的提升，比如本科生招生规模、学科专业数量等。

产生这样的问题，根本还是在政府的资源分配方式，所指向的目标就是"做大"。其实这背后所暗含的一种办学逻辑就是先"做大"，做大了之后再慢慢"做强"。

在高等教育需要大众化的阶段，我们并不是要说这种先做强的扩张规模的逻辑有问题。扩大规模与数理在特定的历史时期是有其内在必然性与必要性的，这个是谁都无法否认的。但是问题是"如何去扩大规模与数量"。我们要清醒地认识到一个发展的现实是：做大了有可能做强，但是做大了不是一定会做强；做大了有可能做强，也更有可能做弱。

这里就涉及如何去做大的问题。做大，可以是"大而全"的做大，也可以是在原有结构优势基础上的做大；做大，可以是高速增长式地"拍脑门"决定做多大，也可以是有步骤、有节奏地根据社会发展的需求去合理控制性地做大。不考虑内涵建设、专业优势及建设、结构优化的做大，极有可能的是越大了会越弱。①

事实上，高校在规模扩张、学科专业设置调整等方面必须十分谨慎。要做规模扩张，要增设新的学科门类、专业设置等，是一个要分层论证的过程，首先要考虑社会是否具有相应的需求；学校在此类学科方面是否具有办学基础、办学传统或者办学优势；在整体的学校发展、专业之间、科类之间是否可以做到优势互补、相互支撑；等等。

---

① 吉林大学经历合并，虽然变成了"极大"的"吉大"，但是原来全国顶尖的白求恩医科大学、长春地质学院在国内的巨大影响力现如今基本已经所剩无几，让人心痛。

（三）"机不可失，时不再来"的发展逻辑

在最近十年的发展过程中，高校所处的时代环境可谓是"政府控制越来越少，扩招机会实在难得"的充满着各种诱惑的土壤。

以往的计划经济体制之下，因为高等教育资源主要是由政府分配调拨，政府对高等学校管控全面，学校的发展、规模、专业设置等基本掌控在政府手中。我们目前正处在一种社会剧变与转型的历史时期，在市场经济条件下，政府在逐渐减少资本配置的影响，把权力放给市场、社会。这个时期，政府对于高校的管控，可以说与以前相比少了很多，给了高校很大的自主权。在这种环境中，由于相应的政策与法律还不健全、相应的研究与认识也尚不到位，因此滋生出一种"机不可失，时不再来"的心理是十分必然的结果。在政府对高校的管控权力有所放松之后，出现了类似"钟摆效应"的发展特征，多数高校都抱着"机不可失，时不再来"的扩张心理开始快速扩张。因此，大学城、新校区等如雨后春笋般应运而生，扩大招生规模、增加学科专业种类与数量、合并相关的学校等扩张现象随处可见。这些扩张中，有合理的扩张，当然也包含了大量非理性的、盲目的扩张和发展。高等学校的发展在这个阶段开始出现一定意义上的自我膨胀与迷失。

（四）高等学校定位意识及自律能力[①]不足

高等学校定位意识及自律能力是高等学校定位以及自律的问题，是被国内包括吉林省在内的大部分高校都忽视的问题。这个问题从办学的本质上来说是一种办学的"短期利益"与"长期利益"的关系问题，即高等学校是会为了追求短期内的数量扩张而牺牲一部分学校声誉，还是在数量的扩张诱惑下做到有计划、有步骤地扩张，平衡好质量与数理的矛盾关系，维持好学校的质量声誉，做到学校长期的可持续发展、内涵式发展。吉林省内的很多学校，在面对国家特定阶段内的扩招政策时，为了短期利益而没有考虑到学校的声誉，从而造成了高等教育质量的下降。从战略管理的角度来看，是高等学校的管理者对于"什么是高等学

[①]　西方发达国家的高等学校要接受自由竞争的洗礼，但高等学校的自律性都比较高，一般都能做到坚持自身理念、严谨、自律。当然，能做到较好的自律，也是西方国家市场经济相对成熟且长期发展的结果。西方高校一般都有控制高等学校盲目发展的机制，例如，高等学校的一个专业、一个新的课程计划，甚至包括一名教师的引进，都要经过相关部门或者是社会中介结构的严格论证，控制学校的盲目发展。

校这个公共组织的核心竞争力"的问题没有彻底认识清楚。就高等学校而言，其办学质量、办学特色才是在市场经济中立于不败之地的核心竞争力。失去了核心竞争力，其他的根本无从谈起。在这一方面，西方国家普遍做得要优于我们。

高等学校，包括吉林省在内的大部分高等学校（吉林省部属的两所大学——吉林大学、东北师范大学因为改革的起步较早、基础较好，所以现实情况要好于其他高等学校，但是也存在这样的问题，只是问题的程度不同）在传统的政府控制下的发展，如同"动物园里驯养久了的狮子老虎"，失去了自身"狩猎捕食"的能力，面对已经市场化了的社会，自身缺乏定位意识，面对各种短期办学利益的诱惑，自身又难以加强自律，不断提升自身的自律能力。在市场经济社会体制中，按正常的办学状态来说，高等学校要做好的是"尊重市场规律"的同时"尊重知识规律"办学，做好两者的均衡，不能盲目扩张、不能过分注重短期利益，这样的办学态度才更加有利于国家和社会长远的发展利益，也对人的培养真正地负起责任。从欧美的很多高校，比如美国的麻省理工来看，走的都是这样的办学道路。以麻省理工学院在全世界的名气，完全可以按照自己理想的招生规模来迅速地扩张学校，但是它却没有选择这样的道路，而是选择了"从坚守长远的办学利益、办学质量"的道路。高等学校按照市场以及知识的规律去办学，可能会损失部分短期利益，但是高等学校、高等教育要想获得长远的、可持续性的发展和成功，这是必须要坚守的。

高等学校作为公共部门组织，既要"适应"市场对人才的需求，又不能完全地"盲目迎合"市场。面临强大的市场需求以及其他高等学校热门专业的相继开设，高等学校要走"在自己优势上做强"的道路，根据自己的专长与特色，合理定位，加强自律，顾及长远发展，这应该是高等学校面临市场需要的一种正确、合理的定位意识。既要适应，还不能盲目迎合，看似矛盾，但却是必须要认真对待的办学经验。但是现实却是，吉林省的高等学校或者高等教育超前于经济发展水平，除了观念、体制等各个方面的因素之外，从很大意义上来讲也有高等学校面对市场的大量需求诱惑，而出现了"自身定位意识及自律能力不足"的问题。

这种自身定位意识弱、自律能力不足的问题的产生，也跟传统的计划经济时代的办学惯性有关，是高等学校经历了计划经济时期的必然产物和必然会产生的问题。因为在计划经济时代，高等学校发展的战略选择、办学性质、办学思路、办学目标、办学规模、办学速度、办学效益、学科结构、教师工资、学生就业等一系列问题基本是遵照政府规划来进行的,从而形成了高校的办学惯性,体现在特色观念淡薄、自律性不足、办学定位能力弱。政府的多方位规划束缚了学校的办学自主性,高等学校基本上不具备以市场为导向的自主学能力,对学校培养专门人才的数量、种类、社会需要、市场发展需要等外在环境的变革缺乏相应的兴趣、热情和敏感性,因而很难适应社会发展的需要,也就无法满足经济发展的需要。

然而当政府对于高校的发展约束变少,给了高校更多的办学自主权之后,高等学校如同"被动物园里驯养的狮子老虎又放回到了自然环境,需要一个面对短期的诱惑难以把握,又缺乏自主定位意识、自律能力的比较尴尬的境地"。这样的过程是长久地被约束之后必然要经历的一个痛苦的挣扎阶段。随着社会主义市场经济体制的不断确立、发展、成熟,高校自主办学的意识开始慢慢苏醒,高等学校面向市场、面向社会去自主办学的观念也在慢慢增强。自主办学意识增强、自主办学的能力慢慢增强,我们要客观地认识到,并不是高校有了这样的能力就可以了,能力是分层次的,目前吉林省的大部分高等学校自主办学的能力可以说"面对市场",仍然处于初级阶段。

高等学校,作为一个公共组织部门,其实和市场中私立的组织部门一样,刚刚接受市场经济洗礼之时,都普遍存在着通过规模扩张的方式来发展事业的强烈冲动。这种规模扩张的思路因为其容易缺乏自律、约束机制,容易头脑发热地使得一个组织迈进盲目发展、冒进发展的"雷区",很多高校不管其发展基础与特色地竞相开设各种热门专业就是非常好的佐证。很多高校,根本不顾其自身的发展基础和条件以及社会发展水平的需要、长远发展的需要。看到市场有短期利益、短期需要,就开始大量投入人、财、物等各种资源开设各种专业。

其实,面对市场的各种需求,高校既不能直接无视,又不能过分迎合,坚守办学立场,稳稳地掌握住"特色和质量"是未来竞争和发展中的决定性力量,才是较为成熟的表征。这才是高等学校面对各种短期利益诱惑时,自身的准确定位原则。市场经济体制中,一个成熟的高校,其主要的标志就如同战略管理理论所倡导的那样,既要看准外部的市场环境,也要明确认识清楚自己的内在环境,做到外部环境分析、内部环境分析相结合,而不是"市场上流行什么我们就生产什么,盲目跟风、随波逐流"。

　　这是由一个组织在市场中想长远发展的角度来考虑的，更是从高等学校是作为一个公共性的组织角度必须要做到的。高等学校作为社会整个结构中的培养精英人才的公共性组织，就决定了其不能不听命于市场的潮流，又不能完全听命于市场。高等学校的发展，虽然离不开市场经济这个大环境，但是高等学校毕竟是继承、传递、生产、创新知识的地方，是培养人才的机构。高等学校面对市场的短期需要的时候，必须依据自身的优势以及特色进行与短期利益诱惑的衡量，使得自己充分认识到知识的发展以及传播规律。在高等教育自身传播、生产、创新知识等"职能坚守"完成好的同时兼顾市场的需求，做好两者之间的关系平衡、利益平衡，不能盲目地用长期的办学质量下降作为代价去换取短期的经济效益。高等教育要做好的就是在"尊重市场规律"的同时"尊重知识规律"办学，做好两者的均衡，这样的办学态度才更加有利于国家和社会长远的发展利益，也对人的培养真正地负起责任。

　　因此，高等学校根据社会的发展水平以及市场的需求能力做到与经济发展很好的匹配，就要给自己比较准确的发展定位，做好行业的自律。高等学校在自己的发展过程中，必须持续提升自己的核心竞争力，不断形成、延续好自己的办学特色。随着市场经济的不断成熟，办学质量、特色最终还是起决定作用的核心力量。

第七章
高等教育更好适应区域经济
发展的有效策略

第一节　国家级高等教育管理部门：引入战略
管理思维、改进评价体制架构

战略管理理论，其核心的理论内核之一是更加强调高层的决策。高层的决策和思路，要对整个组织的发展起到决定性的作用。战略理论更加强调的就是把战略决策摆在管理活动首位，高层的战略决策对一个组织的生存发展具有非常重要的意义。对于吉林省的高等教育体系而言，其实，其核心的最高的"高层"并不在吉林省，而在国家级的高等教育管理部门——教育部。教育部才是吉林省高等教育体系的"真正决策者"，因此，国家级的高等教育管理部门有什么样的导向，基于省级的高等教育管理部门、高等学校就会有什么样的决策实施。因此，国家级高等教育管理部门，有必要引入战略管理思维，通过改变评价体制架构的方式去实现省域内的高等教育体系对经济体系的主动性协调。

要想解决省级区域内高等教育与省际区域内经济发展之间的协调发展问题，首先必须有国家级层面高等教育管理部门的各方面尤其是政策引导方面的支持。缺乏了国家层面的支持，单纯地在省级区域内去解决这一问题可以说是不现实的。

一、一定要引入战略管理

之所以说一定要引入战略管理，即国家级高等教育管理部门不引入战略管理在一定程度上改变传统管理方式的话，整个国家区域内的高等教育就难以适应国家区域内的经济发展，对市场的需求做出灵敏的反应。同样，在省级区域内，因为整个国家的教育体制都是一种集权式的高等教育管理体制，省级区域内的高等管理一定也会遵循国家级高等教育管理部门的政策引导，国家高等教育管理部门不改变管理方式，省级高等教育管理部门就会一如从前。那么其辖区内的高等教育则不会对市场需求有太多的"感觉"，而更多的是看"上级主管单位的脸色"行事。

或者我们还可以进行倒推，高等学校作为高等教育的最末端，对市场中人才培养的需求是最灵敏的。高等教育主办主体想对市场的需求做出较为灵敏的反应，但是因为调规模、调结构、调专业等都需要向省级高等教育部门报批（中央或者教育部直属高校需向主管部委报批）。然而省级高等教育管理部门则需要依据国家级高等教育管理部门的相关政策与依据进行审批。因此，最为核心的、发挥导向性作用的还是国家级高等教育管理部门。没有国家级高等教育主管部门的支持，高等学校想调整结构、调专业等就很难实施。国家级高等教育管理部门给出的政策宽松一下、对市场的感受度强一些，省级高等教育管理部门或者是高等学校对市场需求的感受度和空间就会增强。假如国家级高等教育管理部门政策全面收紧，则下面的空间与对市场的敏感度就会大为降低。

因此，要想高等教育与经济发展之间有一个较好的协调关系，国家级高等教育管理部门的重视以及"率先垂范"是对省级区域内的高等教育与区域经济协调发展最大的支持。

二、一定要"适当"引入战略管理

在国家级层面的负责管理高等教育管理的部门，要适当地引入私人部门尤其是企业一直所热衷的战略管理思维。这里要强调的是适当地引入，而不是完全引入市场化导向的战略管理。之所以提出适当引入，是因为国家的高等教育机构包括省级区域的高等教育管理部门都是公共组织与部门。在公共部门与私人部门之间比较而言，很多方面都有着非常大的差异（见表 7-1）。

表 7-1　反映公共—私人部门差异的因素

因素	部门	
	公共部门	私人部门
环境市场	市场由监督机构构成 提供同一服务的组织相互合作 资金来源依赖预算拨款（免费服务） 缺乏数据 市场信号弱	人们的购买行为决定了市场 为提供某项服务相互竞争 资金来源依赖收费 数据充分可用 市场信号清晰
制约	指令和义务限制了自主权和灵活性	自主权和灵活性只受到法律和内部多数人意见的限制
政治影响	需要缓冲装置以应对外部影响和帮助谈判 政治影响源于权威网络和用户	政治影响被当作例外处理，没有特别的安排 政治影响是间接的
交易强制力	人们必须资助和消费组织的服务	消费是自愿的，依据使用情况付费
影响范围	具有较大社会影响力的大范围问题	具有较小的社会影响的窄范围的关注
公众审查	不能将计划保密或暗地里制订计划	可以隐蔽地制订计划并将计划保密
所有权	公民经常以所有者的身份向组织活动及其执行提出期望和要求 无所不在的利益相关者	所有权属于股东，他们的利益可以用财务指标来衡量 除了股东之外，几乎没有利益相关者
组织程序目标	长期和短期目标不断变化、复杂、相互冲突且难以界定 最关注公平	清楚的、大家认同的目标 最关注效率
权力限制	执行依不受权威领导控制的利用相关者而定 政府控制下的机构管理 公共行动所带来的限制	执行被授予给有权力的行动的权威人物 基本不受外界影响的机构管理 没有限制
绩效期望	模糊并处于不断的变化之中，随选举和政治任命的变化而变化，鼓励无所事事	清楚，在长时间内稳定不变，因而使人产生紧迫感
激励	稳定的工作、赞同，任务和角色	金钱

资料来源：保罗·C. 纳特，罗伯特·W. 巴可夫. 公共和第三部门组织的战略管理：领导手册[M]. 北京：中国人民大学出版社，2001：23-24.

就这种差异而言，私人部门与公共部门相比，第一，面临着自身所处环境以及市场，具有更大的灵活性，受到的约束更少，正所谓是"船小好掉头"。反之，公共部门需要考量的因素就更多，灵活性差、约束多，"大船掉头难"。针对市场经济中最大的影响因素——市场而言，私人部门是只要人们有购买行为就可以构成市场，而公共部门则需要由监督机构去关注，监督机构具有很大的话语权；私人部门之间，可以为了提供某项服务而相互竞争，更多的是基于竞争的关系，而公共部门提供同一服务的可能是相互之间是合作关系，竞争成分比较少；资金来源上私人部门依靠市场收费，而公共部门依赖预算，财政预算的主权人对公共部门产生着决定性的影响力。因此，对于市场的因素而言，私人部门的市场信号非常强、非常清晰，但是公共部门直接针对市场的信号就变得比较弱，需要考虑上级拨款部门的因素更强，自身的自主权更少。具体到国家级的高等教育管理部门，面对市场的需求就相对缺乏灵活性，其上级的主管部门教育部有着很大的话语权，高等教育管理部门不依靠市场收费而是依靠国家级教育部拨款，依赖公共财政预算，因此需要更多考虑自己"东家"的要求和需要，不提供拨款的市场的需求就要排在其次的地位。

第二，受到的制约不同。公共部门因受到很多上级指令的约束而难以实现自主地、灵活地适应外界环境变化。公共部门受到上级指令以及上级、社会等各个方面的义务的制约，自主权和灵活性较少，而私人部门只需要内部的少量的人达成一致且不违背法律的框架就可以。具体到国家级高等教育管理部门，必须要考虑上级主管部门的指令、国家的指令以及社会中各个方面发展所赋予的培养人才的义务和责任，这些都是"规定动作"，因此面对市场人才培养需求不断的环境变化的自主性和灵活性的空间不能说没有，但是的确相对较少。

第三，公共部门需要更多考虑政治因素的影响，因此考虑适应外部环境变化会受到影响与节制。公共部门需要缓冲装置来应对政治的影响和帮助谈判，主要的影响来自于权威网络和用户。可以说，公共部门无论是出台政策还是进行改革，都要更多考虑政治风险的存在与威胁，考虑可能会引起的政治反响。但是私人部门基本不存在政治因素的影响，即使存在也是间接性的。对于国家级的高等教育管理部门包括省级高等教育管理部门而言，在引入市场需求、考虑市场因素的情况下，必须要反复衡量引入战略管理之后所带来的政治影响与后果。

第四，对于交易的强制力而言，公共组织的交易更富有强制力，约束到形同私人部门的战略管理的实施程度。公共组织中人们必须去消费、资助组织的服务，而私人部门中人们可以根据自己的愿望、需要、使用情况去自愿选择消费。因此，作为公共组织的教育体系、高等教育体系，人们必须通过纳税资助组织的服务，进入高等教育体系之后必须消费组织提供的服务。因此，相对来说公共组织具有更大的强制力。高等教育与"客户"之间所存在的这种强制性关系，使得"用户"的体验就不如私人组织那样"好"。

第五，公共组织的影响范围大，也决定了比较难以像私人部门那样快速地对外部环境做出各种反应。因为私人部门影响范围非常小，且不用考虑政治影响力的情况下，高层做出战略决策、很好地适应内部外部环境变化、提高核心竞争力等都非常积极有效。即使是错误的也不会造成非常恶劣的后患、后果和影响。但是像高等教育管理部门这样的涉及全国全社会的公共组织，总是灵活地依据内部外部环境做出各种调整，一旦出现差错，就会酿成整个社会的恶劣影响，范围非常大。

第六，无处不在的利益相关者也制约着高等教育管理部门需要适当地引入战略管理。国家级的高等教育管理部门，首要的目标是要完成社会的主要教育目的，要完成为国家培养人才的目的，这是毋庸置疑的，其次才是在此基础上更多地兼顾好其他利益相关者。而且与私人部门相比，公共部门所面对的利益相关者可谓众多，只要参与其中的公民都可以把自己作为利益相关者，都可以把自己作为所有者对高等教育管理部门提出各种各样的利益要求。私人部门几乎就是几个股东而已，除了股东基本没有利益相关者提出何种利益诉求了。因此在这种局面之下，完全实现战略管理几乎是不可能的。因为私人部门可以完全地实现战略管理，是因为利益相关者较少，比较容易达成妥协与一致的意见。公共部门在众多利益相关者面前，是没有可能完全达成一致的。尤其高等教育的管理部门，其所能做的，是根据时代发展的需求，根据大多数利益相关者的诉求做出战略决策，尽量适应内部环境、外部环境的变化，提高自己的核心竞争力。

第七，公共组织与私人组织的不同程序与目标决定着、限制着国家级高等教育管理部门完全实施战略管理，尤其完全灵活地适应环境变化。因为公共组织包括高等教育管理部门，最为关心的是政治议题——公平，这与私人部门尤其是企业最核心关注的是效率完全不同。公共部门只要采取的措施无论是传统的科层制管理还是民主管理抑或其他任何一种管理理念与方式，只要处理好了公平的问题，达成了这一目标，其他的问题就可以"安安稳稳"，不出问题，"用户"也会基本满意。然而私人部门之所以不断强调战略管理，是处于追求效率最大化的目标，公司等私人部门有着清晰的、团队认同的确定性目标。

第八，对于绩效的不同期望也制约着公共组织完全地实现战略管理。在私人部门中，以效率为目标的绩效期望非常清晰，所有的员工都在一种持续的紧迫的任务目标追求之下进行努力，这种努力是持续不变的长时间的追求。然而公共组织的人员更替、政治任命相对频繁，变动较多。因此一个组织对于绩效的期望基本上总是处于不断的变动之中。因此，员工也不如私人部门那样是在持续的目标鼓励下工作，很多时候容易无所事事。因此，这样的组织特性也限定了比较难以完全地实现战略管理。

作为公共部门的国家行政结构，虽然要更多考量外部环境变动比如市场的因素，但不能完全是市场导向的。公共部门具有自己的使命与特点、特征，因此，公共部门必须按照自己的内在使命与自身特征合理化地进行管理理念、方式等的变革。

三、通过评价体制的重新架构及完善"撬动面向市场办学的杠杆"

（一）"什么评价体系架构"来评

能撬动国家级的行政管理机构引入战略管理思维，去考虑社会办学的需要，实现与区域经济发展，乃至科技发展、社会发展，当前最为理想的方式就是通过"评价机制"的完善去实现，尤其要着力推进实现"管办评"分离的教育体制能"落地生根"。

着力推进"管办评"分离的教育评价体制"落地生根"，推进高等教育治理体系现代化，是国家级教育行政管理机构必须要能扎扎实实地推进之后，下级的高等教育管理部门，包括高等学校才能真正落实的保障。不推进"管办评"分类，谈高等学校真正落实办学自主权，做到真正面向社会办学几乎是不可能的。具体到评价，重在既"评管"又"评办"。"评管就是评政府，通过社会参与评价，推动政府由办教育向管教育转变，由管理向服务转变，做到不缺位、不越位、不错位，防止决策、执行、监督一体化；评办就是评学校，通过评价学校依法依规自主管理、自主办学，不断提高办学质量和办学水平"（李兴旺，2014）。只要第三方参与能独立出来评价教育，"管办评"分离，面向社会办学的基础就扎实了。

（二）"谁来评"

要建立好"管办评"分离的教育评价体制，关键是要建立科学管理的评价架构，解决好"由谁来评"以及"怎么评"的关键问题。引入战略管理，面向社会发展需求特别是经济发展需求，就必须在"由谁来评"上下功夫，彻底改变目前评价导向中政府集办学、管理、评价于一体的弊端，关键是要建立由政府、社会、专家、大学、教师、学生、社区、家长、企业单位、事业单位等多方共同参与的多元评价体系。特别是要重视建立独立于政府、学校之外的第三方评价机构的参与，而且第三方的评价发展到一定程度之后，可以建立以第三方的中立性、客观性评价为主，政府评价、学校评价共同参与的评价体系。

对于我国目前第三方评价体系发育较为迟缓的问题，政府必须予以发展的引导以及培育。要积极培育第三方机构的发展，逐步增强我国第三方评价机构的专业性、权威性、科学性。

（三）"怎么评"

无论怎么评，都不能"一刀切"，不能消灭差异，不能绝对的标准化。要根据不同的地域、学科特点、办学特色等实施多元化评价。正如学者李兴旺所指出的，要通过六种方式来进行评价：一是分级评。按照谁主管谁负责的原则，坚持分级办、分级管、分级评，各级负责各自的评价工作，培育评价机构和力量，制定评价体系。二是分类评。对各类教育必须按类别、分层次建立评价指标体系，让评价更有针对性。三是分区域评。应依据区域和城乡发展现状，以问题为出发点，设置评价指标权重，体现宏观导向，促进均衡发展。四是综合评。目前仍更多需要以政府为主导，但不过多参与具体工作，形成以政府组织为主，专家、社会、学校多方参与、自主开展的多元评价模式。五是分专项评。针对一些社会广泛关注、代表一定办学水平的专项，如大学生就业质量、研究生论文质量等，可适时通过政府购买的方式，委托社会机构开展专项评价，提高社会认可度。六是相互评。组织各地督导机构和专业评价力量开展相互交叉评，形成相对独立、公正的评价体系（李兴旺，2014）。

总之，国家级教育管理部门，通过有序实施"管办评"分离的评价方式之后，会以一种倒推的逻辑使整个省级的高等教育管理部门、高等学校办学者引入多维度的评价主体尤其第三方评价机构，改变目前这种政府主导的一元化评价的方式。由此，就可以慢慢地改善学校的资源配置方式，防止学校盲目地根据国家级教育管理部门的评价指标过分重视规模、重视数量、重视大而全、重视学校升格，失去自己的办学自主权，失去自己的办学特色，失去面向社会发展需求、经济发展需求快速、敏锐、有效地自主办学的能力。

第二节　省级高等教育管理部门：
加强政府教育统筹

在我国的各个省份的省级教育厅中一般都独立设置分管高等教育的教育管理部门。对于解决省级政府区域的高等教育与区域经济协调发展的问题，省级高等教育管理部门"如何引导"具有举足轻重、至关重要的作用。

在《国家中长期教育改革发展和规划纲要（2010—2020）》中，国家也特意在管理体制改革一文中，提及了加强省级政府教育统筹的重要作用：

（四十六）加强省级政府教育统筹。进一步加大省级政府对区域内各级各类教育的统筹。统筹管理义务教育，推进城乡义务教育均衡发展，依法落实发展义务教育的财政责任。促进普通高中和中等职业学校合理分布，加快普及高中阶段教育，重点扶持困难地区高中阶段教育发展。促进省域内职业教育协调发展和资源共享，支持行业、企业发展职业教育。完善以省级政府为主管理高等教育的体制，合理设置和调整高等学校及学科、专业布局，提高管理水平和办学质量。依法审批设立实施专科学历教育的高等学校，审批省级政府管理本科院校学士学位授予单位和已确定为硕士学位授予单位的学位授予点。

因此，省级政府教育统筹，是协调好国家级高等教育管理机构与高等学校办学主体之间关系的重要"缓冲装置"。加强省级政府教育统筹，以推动地区的高等教育更好地促进当地的经济发展、适应当地的经济发展，可以考虑从以下几个方面入手：

一、统筹好"办"与"管"之间的确权

在政校关系上，学校不能简单要权，政府不能简单放权，同时不能随时收权，不能将要权、放权、收权简单化处理。学校所要的权力，要根据内外部环境发展的需要而确立，同时，高校获得赋权之后，要加强自我规范与监督，坚持好自身作为公共组织的公共责任，担当好公共责任；政府要给高校充分的空间，因为高等学校在拥有了权力去适应社会发展需要的同时也是一个自身能力逐渐完善的过程，不能因为出一点问题政府马上简单化地收权，要给高等学校自主发展的空间与时间；同时，要对高等学校的发展给予更加详细的指导与纠偏，不能将收权简单化，更不应该因为个别人的问题、一所学校的个案性问题全面收权。

政府行政管理权要与高等学校办学自主权的运用之间做好协调沟通。高等学校在运用办学自主权的过程中，容易衍生与政府之间的对立关系，容易在实践中出现"一放就乱，一乱就收，一收就死"的怪现象。教育部以及省级教育管理部门赋予高等学校的权力，高等学校要做到正确使用，要接受国家以及省级教育行政部门的监督按照国家的规定、法律的规定使用。高校要与政府之间形成一种比较有效的"良性的、有机的协调关系"，而不是对立关系，不是控制、反控制的关系。

二、统筹好普通高校与高等职业学校之间的关系比例

从整个吉林高等学校设置的情况总览，要倾向于控制规模，调整普通高等学校与高等职业学校之间的设置关系。省级政府在大力发展普通高等教育的同时，更要在这一时期着力发展好职业教育，特别是高等职业教育，逐步扩大高等职业教育的比例，增加高等职业教育的投入，大力扶持高等职业教育的发展。

尤其在高等教育发展到一定程度后，必须大力发展职业教育，才能更好地促进区域经济发展。这在我国学者殷德生等的研究中也得到了印证。殷德生等把教育分为了两个部分，即高等教育和职业教育。他们通过实证研究的方式研究了教

育与经济增长的关系，得到的研究结论是：经济增长是高等教育的凹函数，呈倒"U"形关系。当高等教育发展到一定程度时，政府必须制定相应的教育政策、进行良好的制度设计与安排去发展职业教育，使职业教育与普通高等教育之间实现良好的均衡，才能有效促进经济的增长，否则过度发展普通高等教育只能导致经济增长的下滑。

高等教育为经济发展服务的主要纽带有两条：职业教育、产学研合作。在20世纪末期包括21世纪以来，我们国家的高等教育体系中更加注重的是实现高等教育量的增长，更加追求的是规模的扩张。因此，大部分大学更加追求的是"大而全"，即规模大、专业全，职业教育并没有获得更大的发展空间，产学研合作也没有取得更多效益。

现在的高等教育体系中，参与职业教育的生源质量低，甚至可以说升学无望的学生才有可能流入职业教育的序列。在高等教育体系中，高等职业教育最容易遭受歧视，只要高等教育被冠以"职业教育"的名字，就会跟"差生"关联到一起。职业教育到目前为止还没有成为高等教育中与普通本科教育地位同等的办学体系。因此，在未来的高等教育建设中，必须高度重视高等职业教育的人才培养模式创新，把构建现代职教体系加强学校与企业、政府之间的合作等作为工作的重点之一。不重视高等职业教育，不重视产学研合作，高等教育服务地区经济发展的功能就难以更好地发挥。

三、统筹好部属高校与地方院校的分工协作与错位发展

"普通地方农业大学办理外语学院"，可能是对一种"大而全"的办学战略的莫大讽刺。这样的办学战略在未来的办学趋势中一定会慢慢被淘汰。要让部属的高校与地方高校充分发挥好服务经济发展的功能，必须要做好两者的定位与分工协作。部属高校的定位必须在"协同合作、培养创新型的拔尖人才"上，或者说是更多地倾向精英式教育；然而地方高校，则可以灵活多样地与部属高校实现错位发展，定位于"培养应用型人才"。地方高校非得追求部属高校一样的办学目标与办学定位，既不现实，也不是效益最大化的最好方略。

四、统筹好"产学研一体化"实施进程中产生的问题解决

省级政府管理部门在"产学研一体化"中要着力打通"三重"政策障碍。在高等学校与区域经济发展之间，多年来一直在倡导"产学研一体化"，"产学研一体化"也是连接高等教育与区域经济发展之间最为直接的纽带。但是对于吉林省而言，跟全国大部分省份都差不多，都存在一个共通性的问题，即"科技的成果走不出实验室，而企业又盼不来先进的技术"。多年来，科技成果"入市难"一直是一个顽疾。

（一）打破第一重障碍：国有资产要晚一些参与"收益"

高等学校的很多科研成果要想转化，需要蹚过的第一关就是国有资产要在资产处置上参与"大头"的收益，成果属于国有资产，按照国有资产进行处置。国有资产的归属从根本上制约了高校的科研人员很大程度地丧失了进行科研成果转化的动力。比如全国政协委员辛颖梅谈道："我是江苏一家科技软件公司的负责人，经常需要从高校或研究院所购买基础技术，然后集成开发应用软件，但就是这样一个看似简单的转化过程，却总会碰到意想不到的困难。我们企业感兴趣，教授也愿意把这个开发的这种产品能够在企业来转化落地。但是学校不同意，说他卖的价钱低了，应该多少倍，按照国有资产的投入要多少倍来卖，那一看这个价格不合适，我们根本就不会买。其实这种科技成果本来是可以有效地转换，最后就束之高阁了。"

这对于高等教育与区域经济之间协调发展是必须要逾越的障碍之一。正如辛颖梅所介绍的一样，明确科研成果归属权，调动科研人员成果转化的积极性，这是需要跨越的第一重门。在现行的规定中，除了少数试点区域外，大多数单位的科研成果处置收益都需要上缴国库，研究人员和科研单位获益较少。

关于解决这一问题，全国政协委员田静认为："我们的省级政府或者国家级别的相关管理部门、职能部门可以予以考虑，希望政府能够从后期的市场税收里面得到回报，不要急于从前面的转让里面得到回报，要不然科研单位它怎么还有积极性呢？"

（二）打破第三重障碍：科技成果与市场需求信息着地实现对称

数据资料显示，我国科研成果转化率仅为10%左右，远低于发达国家40%的水平。法学专家谢商华介绍，要想彻底改变科研成果躺在实验室里睡大觉的怪相，就需要从根本上改变现有的科研人员评价标准。谢商华认为："科研人员在评职称的时候，那么主要还是看他申请的课题的多少，发表的论文的多少，科技成果经过鉴定给予的评价怎么样，也没有严格按照他的这个科技成果能不能商业转化，产业转化去作为评职称的一个标准。"

谢商华介绍，科技成果转化需要跨越的第二重门就是解决科研成果和市场需求信息不对称之间的问题。谢商华认为："一个比较严重的问题，就是我们科技成果与市场需求相脱节，因此就要从科研成果的立项制度改起来，也就是说要更多地考虑市场的需求，既然是应用型的科技成果，那么就要有应用的价值。"

全国政协委员辛颖梅谈道："我也是建议尽快去建立分类的科技成果转换的一个交易市场，让科研院所和高校的这些科技成果能够有效地发布，然后企业能够在这样一个平台上，寻找自己需要的这样的一个科技成果。"

（三）打破第三重障碍：统筹好转化的中试环节

在中科院信息工程所所长田静看来，科研成果转化需要跨越的第三重门就是中试环节，有研究表明，科研成果经过中试，产业化的成功率可达80%，而未经过中试的科研成果只有30%能转化，中试是科研成果从实验室走向工业化应用中必须完成的规模化、批量化的实验验证过程。但是由于这一环节成本大，风险高，绝大多数的企业都望而却步。

田静认为："有的人就讲，创新是找死，说不创新是等死，走到这个地方，因为它需要的资金，不是前边那个，就是搞基础研究，或者搞前边的这个原理性的实验，它所需要的这样的一个资金量，这个资金量当然光靠政府投也是不够的，但政府要建立一个机制，它用它的资金来撬动市场的这个杠杆，然后使得这个市场的金融能够跟上来，这样把这个（创新）链才能接起来。"

日前，《中华人民共和国促进科技成果转化法修正案草案》正式公布，向社会公开征求意见，不少人认为，新的科技成果转化法草案在为科研人员松绑的同时，也为研究机构和企业的科技成果转化提供了更多支持。

研究者吴一戎认为："转化的这个修正案，把科技成果的处置权几乎全部的权利，都给予了基层的研发的单位，这样子会大大地为科技成果的转化松绑，会大大地促进科研人员进行成果转化的积极性。"

田静认为："法律它是定了一些原则性的方向，但是更重要它底下还有一套实施的细则要跟上来，这套细则可能对政府的不同部门是不一样的，比如说发改委，它是针对产业发展，那么它怎么支持，科技部从支持科研单位这一块儿，支持科研人员这块儿，它怎么支持，财政部财政方面，有什么税收，或者这方面有什么调整，这样才是一个完整的体系，这个生态环境实际上是大家在里面都要发挥作用的。"

第三节　高等学校：实现战略管理重构

要彻底解决好高等教育与区域经济之间失调的问题，国家级高等教育管理部门在评价导向、现代学校制度建设方面给出政策空间，省级高等教育管理部门做好教育统筹，其实创造的都是一种外部的条件性支持。这种条件性的支持，可以为大学作为高等教育的办学主体"集体松绑"，不用过度地按照国家教育行政管理的统一"指挥棒"去办学，大学可以按照市场的需要，按照社会发展对人才的多样化需要去按照规律办学。因此，解决问题的关键还在于大学，大学不做出实际的行动与改变，高等教育与区域经济失调的问题就没有办法彻底解决。

假如国家级高等教育管理能在政策引导上予以落实，省级高等教育管理部门能有力地做好教育发展的战略性统筹，那大学就有了依据社会发展的多样化发展需要"自主办学"的空间。如此，就为大学战略管理提供了足够的舞台与空间。

高等学校要实施战略管理，必须遵循科学的模式与方法。具体而言，高等学校实施战略，其实施模式主要包括战略的制定、战略的选择、战略的实施和战略的评价四个部分。其基本过程和框架如图7－1所示。

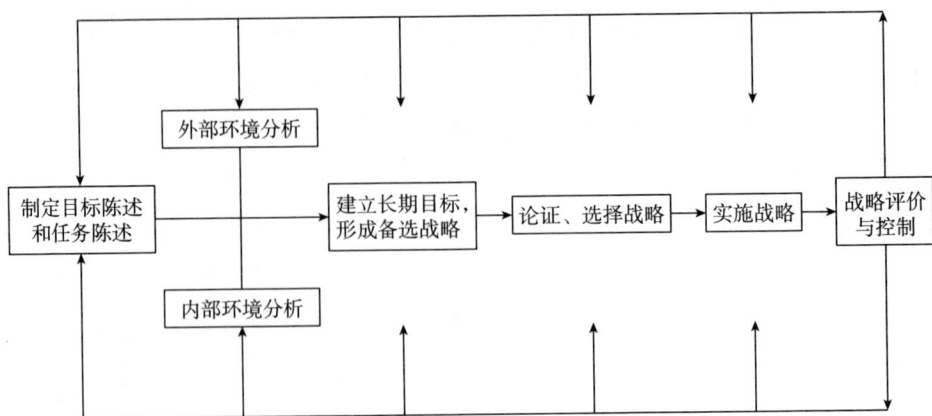

图 7 - 1　高等学校实施战略管理模式图

资料来源：笔者借鉴汤普森（1999）① 整理绘制。

上述的模式基本上比较清楚、明确地描述出了一种比较科学实用的高等学校进行战略管理的过程与方法，基本明确了战略管理各个要素的关系。这种模式的描述仅仅是一种基本核心流程的描述，不同的高等学校在进行运用时，都会采用不同的战略、实施及运用，进行具体化。

一、战略制定

马文·彼特森指出，战略制定的功能在于：使组织发展方向明确化，勇敢地面对现实，而不回避问题；使组织功能明晰化，面对困难合理决策，处变不惊。因此，实施战略管理，学校发展战略的制定是一个非常重要的开始（姚启和，2000），如图 7 - 1 所示。

战略制定阶段的工作主要包括：明确目标与任务、外部环境分析（不确定的环境分析、外部发展趋势及事件识别）、内部环境（教学、科研、办学基础、办学优势、招生、毕业生流向等）分析、建立长远目标形成备选战略这几个具体步骤（见图 7 - 2）。

---

① 约翰·L. 汤普森. 愿景领导［M］. 大连：东北财经大学出版社，1999：8.

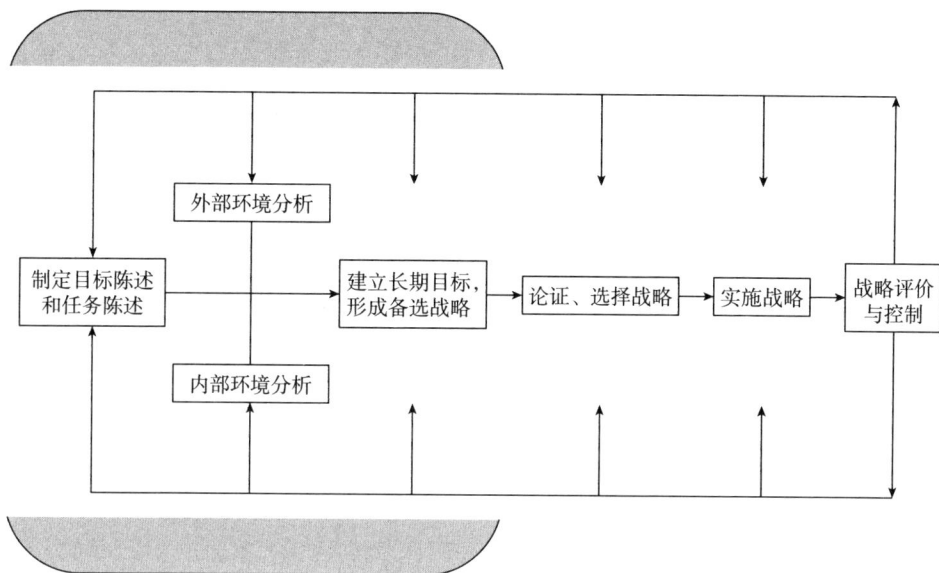

图 7 - 2　战略制定阶段图

注：灰框表示战略管理所处的阶段位置，下同。

资料来源：笔者整理绘制。

（一）制定目标陈述和任务陈述

具体到大学就是办学目标、办学定位。对于吉林省的大学具体实践而言，要与办学章程的制定时机有力地统整起来，确定好学校的办学目标，办学定位。

据数据统计，截至 2014 年 4 月，全国 2491 所普通高校中，大部分学校没有规范的章程，仅有 20 多所中央部委直属的高校有章程或草案（吉林省的吉林大学是最早的探索者）。实际上，从 2003 年开始教育部就已经发文，开始推进完善学校章程的工作。

高等学校要按照办学章程完善好办学自主权的自我发展与自我约束机制。高等学校作为公共组织，如同私人组织的公司那样有了发展的自主权之后，并不意味着"想干什么就干什么"，办学自主权中"自我约束"与"自我发展"之间的责任是对等的。不能简单化地认为拥有了办学自主权就能"想干什么就干什么"，即在高等学校发展过程中，要制定、完善办学章程，按照办学章程中所规定的学校章程、办学目标、规划等进行好自我约束，尤其要坚决防止外延式的、数量上的、层级上的"简单扩张"冲动。

要做好自我发展与自我约束,首要的、核心的任务是完善高等学校治理结构。内部治理结构的完善,尤其引入社会合作参与,这对高等学校办学自主权的良好运转以及办学与经济发展水平相适应可以起到非常好的监督与约束作用。建立中国特色现代大学的内部治理结构,关键是在处理好领导决策权、行政管理权、学术事务权、民主管理权的同时,加强"社会合作及参与发展权"的建设,如此,才能从根本上处理好"高等教育与经济协调发展的问题"。如此,学校落实了此项权力,就能从现实实践中做到面向社会办学,做到开放办学。具体而言,政府、企业、社会团体等可通过理事会形式参与合作办学,从而行使好各方利益主体的参与权、监督权。由此,可以克服好单纯地学校内部治理而带来的"内部人"治理的问题,克服好脱离经济发展而自主办学的问题,克服好"想干什么干什么"的问题。

其实,目前吉林省包括我们国家的很多大学可以说都有了长期规划的意识,或者战略规划的意识,但是我们在这里要重点强调的是战略管理的意识,而不是简单的长期规划的意识、战略规划的意识。

我们这里所强调的高等学校要重点增强的战略规划意识,是要求高等教育的战略管理,不仅仅是简单地要关注自身组织所面临的不断变动的内部环境以及外部环境因素,通过关注环境变化进而进行环境分析,制定前瞻性的发展规划。我们更加强调的是要注重高等学校这个组织与环境之间的互动,以及对内外环境变化所产生一种积极的应对,而不仅仅是一种被动的适应。我们强调战略管理,要稍微淡化管理中包括自我研究中对定量技术本身的关注,战略管理不是一次性管理,不是静态式的管理,而是强调全面、动态式的管理过程,正如马文·彼特森认为,高校战略计划应该"帮助同时为高校的未来制定可行的规划,并根据形势的变化调整规划"(赵曙明,1991);整个管理过程不仅包括战略制定,同时也包含着战略实施、战略监控、战略评估;在制定战略的过程中,不仅仅是高层主宰战略制定,同时要重视组织中的全员参与;战略制定要与战略实施有机互动结合,不能从战略实施中分离,制定战略重要,产生战略结果更加重要。

(二)外部环境分析

对高等学校所面临超出自身控制能力的外部的事件、发展趋势等进行识别、评价，是高等学校实施战略管理的重点之一。因为实施战略管理，其核心要素之一就是战略管理所做出的战略决策必须依据"环境"进行环境分析，是为管理者做出合理性决策的基础。战略管理从本质上讲就是要处理好"组织内部资源与外部环境与机会挑战、威胁"之间的关系问题，战略管理强调的是组织的内部资源与外部环境的合理匹配，而不仅仅是受到单一化的权威的影响、上级的影响、政治的影响。对于高等学校而言，要实现大学组织内部的资源与外部的各种关键环境，包括政治、经济、文化、科技等各个方面的影响之间的合理匹配与适应。

进行外部环境分析的主要目的在于帮助高等学校识别学校发展面临的机会、威胁，对机会与威胁都有一个清晰的认识，以便于高校管理者能及时采取适当的战略、抓住合适的机会、实现可能的发展，避免潜在威胁的干扰或者尽量回避威胁带来的不利影响。

外部环境分析具体而言可以分为三个基本步骤：环境调查、环境分析与评价、环境预测。第一步，环境调查。环境调查可以通过三个维度特点展开：第一，从宏观和微观两个角度展开层次性环境调查。宏观性环境即社会的"大气候"，宏观性的全社会的大气候虽然对大学的发展可能是间接的，但作用与影响极大，比如从1999年开始的"扩招"就是一种全社会的大气候环境，这种宏观环境的存在为大学的规模化扩张提供了机遇；微观性环境即与大学紧密联系的社区性的小环境。小环境是与大学联系最为紧密、影响也最为直接的"小气候"，比如大学招生时候所遇到的"生源环境"，就是与学校紧密相关的小气候环境。第二，要从整体环境分析的角度进行环境调查。即环境调查既要注重大气候、小气候环境的统整调查，同样要关注到环境的各个要素，比如政治、经济、文化、科技等各个方面的要素整合性调查。第三，要在"不确定性"哲学观的指导下开展环境调查。伊利亚·普利高津曾经在其著作《确定性的终结》中，向我们传递出了世界并非是一个相对静止、存在绝对化、永无发展的静态世界，发展并非一往直前，而是充满了分叉和选择，世界是不确定的。大学发展所面临的外在环境，无论是大环境还是小环境，无论是政治环境还是经济环境等，尤其在今天这个越发开放的社会中更是布满了"不确定性"的影子。外部环境本身就具有"客观不确定性"，客观环境引起混沌性、非线性突变等特点存在着无法测度、时间上无法推测的不确定性，外在客观环境的正常进程经常为偶然事件所打扰，改变其原来预定好的发展轨迹；因为环境本身的混沌性，因此即使简单的因果关系已经推定了的初始条件会带来什么样的结果，但非线性变化仍然可以打破这种因果变化的对应性，初始条件的微不足道的干扰就会如同"蝴蝶效应"一样发生剧烈变化，导致结果产生天壤之别；环境本身还具有测不准的特性，比如大学想对学科专业的发展趋势进行预测时，可以通过多种渠道与方法对消费者进行测度，进行数据的统计与分析，然后依据统计信息进行决策，但是这些统计的方法本身就不是完全客观、全面的对环境的反映，只是部分性的客观反映，以部分来代替整体性认识，测度本身就存在一定程度的测不准性。介于环境的这一系列不确定性特点，进行环境调查时，一定要充分考虑好、设想好不确定因素的存在，在后续的战略选择、战略实施等阶段将不确定因素整合起来，贯穿到战略管理的全过程因素做考量。

第二步，对环境进行分析与评价，即战略管理的主体人对战略管理的对象客观环境进行"翻译"。环境的分析与评价要对搜集的客观信息按照一定的标准、程序、方法进行分类整理、分析与评价。通过这样的过程去筛选哪些因素对高等学校的发展战略会有重要影响、会有哪些影响、影响程度如何，等等。环境"翻译"的过程是一个由表及里、去伪存真、由复杂到简单的过程。这个过程要做到信息的简单化、规律化，透过现象看到本质，才能真正对决策发挥支撑作用。

第三步，做出环境预测，抑或是做出环境分析的结论。环境的预测可以运用趋势外推、相关分析、数学建模等定量方法或者特尔斐法（Delphi）等定量的方法展开。进行环境预测，目的在于确定大学发展的总体大趋势，包括学校发展未来可能会出现的不确定性变化的推测与估计。

（三）内部环境分析

高校的任何外在环境所存在的所谓的机会抑或是威胁，都是相对于学校的内部环境而言的，包括组织内部的优点、优势及弱势。比如，高等学校办学自主权进一步加大的外部环境，对于一个长期保守、封闭的大学而言，可能就是一次发展变革的重要机遇，但是对于已经相对民主、开放的大学内部组织而言，只是一个正常的外部环境，可能国家正在开放的国际学术交流政策对于这样的大学组织倒是一个极好的外部环境。

对高等学校内部环境的分析，主要包括对各种资源状况、管理模式、能力水平等各个方面所进行的优势、劣势相结合的定量与定性结合的评估分析。具体到学校内部分析的各个方面，大概包括以下诸多方面：

文化：办学历史、办学传统、办学理念、学校文化、校风校训、制度建设等；

招生：总体的生源供给、优质生源数量；

教学：师生比、硬件配备、办学条件、教学水平、教学能力、毕业生水平、分配去向等；

科研：学科带头人、两院院士、博导师数量、博士点、硕士点数量、科研经费、科研项目、重点学科、重点实验室等；

学科及专业设置：总体办学规模、学科设置合理性、专业设置合理性、与社会需求的匹配性；

人力资源系统：科研条件、教学条件、用人环境与发展环境是否有活力、薪酬系统的竞争力、薪酬系统的公平性等。

总之，要想做好内部分析，为战略实施等打好基础，高等学校必须加强专业化的"自我研究"。

高等学校不断加强"自我研究"，是实现战略管理转变的一个前提与基础。因为我国的高等教育发展，总体趋势上长期处于政府较为强有力的管制与控制、规划之下，因此，存在着较为普遍的自我研究能力欠缺或者不足的问题。

实际上，欧美等国家的大学比如美国，经过长时间的不断发展，在20世纪三四十年代就开始了声势浩大的"院系调查运动"。在院系调查运动中，几乎大部分大学都被动或者主动地卷入了质量与效率调查，促使其发生快速的变革。美国大概在20世纪初期一直到40年代左右，正好经历的一个高等教育发展阶段就是高等教育由精英教育向大众化教育发展过渡阶段。在那一时期，美国的高等教育几乎面临着跟我们目前差不多的发展趋势，许多高等学校都在不断扩大招生规模，学校外部的环境以及管理的复杂性难度在不断上升。再加上当时美国所采取的是一种比较自由放任①的高等学校内部管理模式，基本上都是基于一种经验主义的方式，这种经验主义的方式开始受到挑战。因此，各级各地的政府逐渐增加

---

① 自由放任的管理与我国目前国家主义特征的管理虽然差别巨大，但是目前正处于由精英式高等教育向大众化高等教育过渡的时期，都在进行规模扩张，同时又都面临"质量提升""效率提升"的需求，这种需求都是共同的。

对高等教育的拨款，增加高等教育的投入，同时也不断加强了对高等教育的控制力度，对高等教育的质量发展与效率提出了要求。由此，引发了长达三十年的"院系调查运动"，几乎所有高校都卷入了这场运动。为了应对这种院系调查运动带来的外部压力，很多大学都成立了专门的评估小组，设置了专门的工作人员开展"自我研究"。自我研究包括的内容较广泛，比如学校发展历史、发展任务、发展宗旨，等等，而且要通过收集数据的方式以证明学校是否达到了所订立的质量指标。认证机构则通过学校的自我评估来衡量院校的学生结构、师资质量、专业结构、课程设置及学生学习和学生服务等。评估内容还包括校园规划建设、组织、财政、科研和社区服务（蔡国春，2004）。

（四）形成备选战略

下一步要进行的是通过平衡分析，即外部环境与内部环境统一起来的双向分析的方法，确定各种能把学校内部的资源与环境优势最大化，把外部的威胁与风险最小化的战略。SWOT（S 即 strengths，优势；W 即 weakness，劣势；O 即 opportunity，机遇；T 即 threat，威胁）分析法就是这样一种非常便捷，也被广泛应用的可以系统确认高等学校组织面临的优势和劣势、机遇和威胁，并据此提出高等学校战略的一种方法。SWOT 矩阵可以说非常的简洁实用，兼顾到内部和外部因素的作用，是战略管理领域应用最为广泛的分析工具。

SWOT 分析法可以为高等学校发展提供出一种战略思考的思路和框架。这种分析框架，只要使用分析框架的主体能提供出组织内部外部的多种关键因素，就可以根据因素变量提供出可供选择的战略方案。

二、战略选择

学校根据目标陈述、任务陈述，再综合外部分析、内部分析进行平衡分析，结合学校的长期目标，就可以形成多个学校发展备选战略或者形成多种备选选项。这些备选的选项可以说是战略决策者与战略分析结论之间的一种创造性想象结果，是两者相互作用的结果。形成备选的选项，应该重点注意以下两个方面的问题：

首先，要在现有学校特色基础上突出一般战略。战略决策者要形成具有普遍意义的设计高等学校各个方面的一般战略,但是这个一般战略不是凭空产生的,而是以所在学校的特色为基础。设计各种备选战略时要弄清楚哪种战略可以超越其他同行,学校的特色与优势是否在最大的范围内发挥。

其次,备选战略要预留好学校发展的机动方向,即当既定的或者择优出来的战略无法实施时可以选择的替代的具有相对优势的机动方向。同时,备选战略的设计要识别好真正重要的战略问题,而不是各种方案之间的区别仅仅在于细枝末节。战略决策者要真正弄清楚到底哪些是对于高等学校发展与生存最为重要的战略问题、真正的战略问题。

高等学校发展战略的选择在上一阶段形成了各种备选战略的基础上,因为不能每种战略都予以实施,因此必须进行择优性的战略选择,选择一组最容易管理、最具吸引力的战略并确定这些战略各自的优势、劣势、利弊、成本和收益予以实施。高校战略的分析与选择,就是选定使高校能够做好的实现任务与目标的行动方案。战略分析与选择,在整个战略管理模式与流程中如图 7-3 所示。

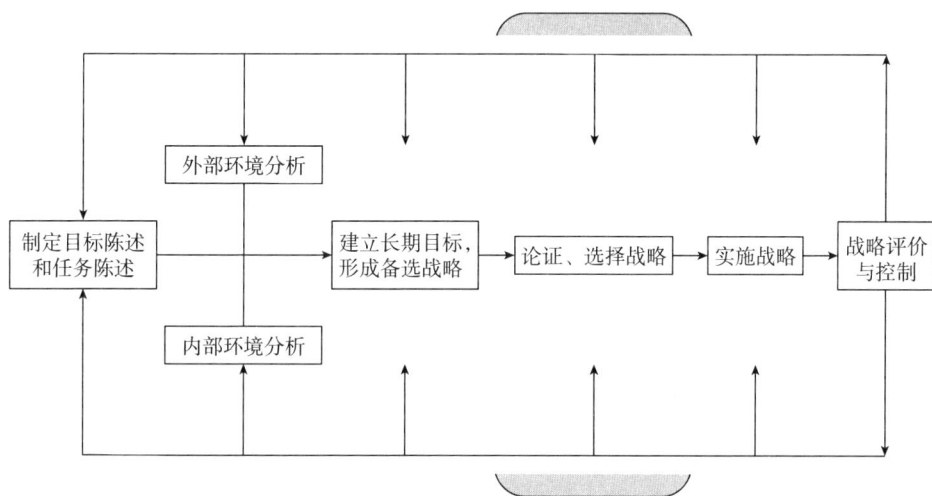

图 7-3 战略选择阶段图

资料来源:笔者整理绘制。

战略选择大概要经过以下两个流程:评价选项、战略择优。

第一,评价选项。评价选项就是为战略择优做好准备。此阶段的实施需要组织相关的高等教育管理专家、各种利益相关者对各种备选战略选项进行分析、论证、评价。论证、评价的过程是进行战略择优的重要参考。进行论证评价，要遵循以下几个方面的标准：

一是外在适应性标准。即分析评价某一项战略选项，要重点关注某一选项的实施，是否更有利于促进高等教育发展与所在国家，特别是地理区域的经济、社会发展相适应。好的备选战略，可以使得大学在所处时代的国内外社会大背景中实施起来拥有着更加便利的条件，面临外界环境的发展大趋势拥有着更好的发展前景，更多的发展机遇。

二是可行性标准。所分析评价的某个战略选项，都是要在与之相匹配的资源分配方式以及组织结构变革、其他实践措施等在实践中具有非常强的实践性、操作性的。同时，这些战略选项，要考虑其是否能为大学组织内部的员工所理解、接受并且产生认同。较好的可接受性、可理解性，较高的认同度是好的战略选项的重要标准。

三是协调性标准。所分析评价的某个战略选项，在其选项内部具有较好的协调性、一致性，同时其实施要考虑能与学校组织系统的各个方面行动是否能协调一致，有效衔接。

假如符合了以上三个方面的标准，基本上就具有相对的优化特征。

第二，战略择优。战略择优是对各种备选战略的最后选择。战略择优最后的确定，最主要的是根据自己的办学基础做出最为优化、可能的选择。不同类型、不同基础、不同特色、不同历史的学校，要根据自己的办学基础做出最具现实性的选择，而尽量避免"空中楼阁"式的择优。

对于生源好、政府重点投资的比如"211""985"之类的院校，可以更多地选择一种增长型的战略，比如可以有限度地扩大规模战略、兼并战略、国际化战略、开发学校市场战略等；然而对于外部环境遭遇威胁与挑战较多，比如同行业、同质性的竞争恶劣，对手还在继续增多，政府的政策干预控制严格，办学自主空间较少等，同时还有比较糟糕的内部状况，比如面临经费不足、教师教学与科研水平低下、教师流动性较强等，可能要更多地选择一种稍微保守的战略，比如内部整顿策略、能力储备策略等。

三、战略实施

战略实施是从战略制定、战略选择转化到具体行动的一种非常关键的环节，这个阶段要将战略转化成具体行动，使战略在组织活动中发挥作用的过程。这一阶段是战略管理的行动阶段，要将战略构想变成战略实践。正如明茨伯格所说，"明茨伯格曾指出，'战略制定者的绝大多数时间不应该花费在战略制定上，而应花费在实施既定战略上'"。战略实施阶段如图7-4所示。

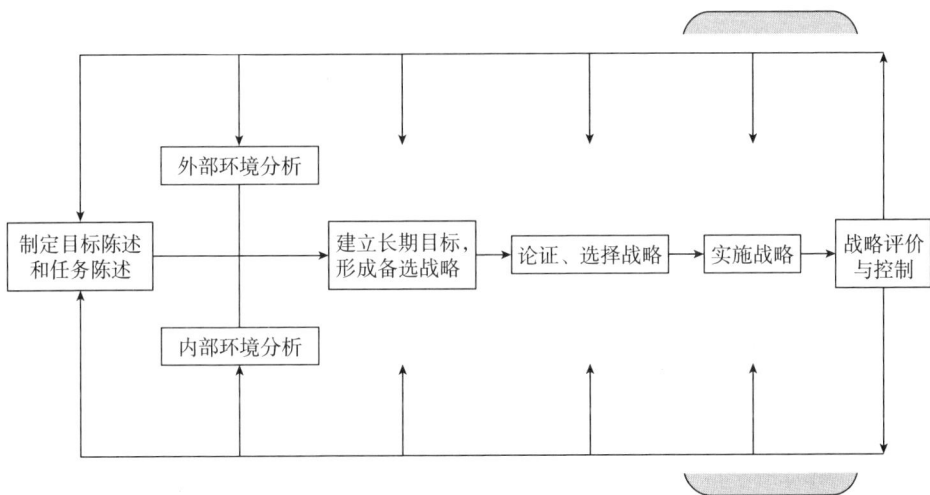

图7-4　战略实施阶段图

资料来源：笔者整理绘制。

事实也确实如此，在高等学校战略管理中，战略实施非常重要，而且难度比战略选择与制定更大。一般而言，如学者熊川武所研究的，战略转化成具体行动有3个相互联系的重要环节：一是战略操作化，也就是利用年度目标、部门策略与沟通等手段使战略最大限度地变成可以操作的具体事务；二是战略制度化，即通过学校的组织机构、资源分配等使战略的要求变成具体制度，落实到日常教育与教学活动中；三是战略控制化，主要措施是建立控制系统，并通过它监控战略实施情况，同时监督其本身（控制系统）的运行情况（熊川武，1997）。

具体到战略实施的过程中，我们的高等教育管理者可以着重从以下几个维度或者程度展开战略实施：

第一，进行任务目标的年度分步骤实施。"罗马不是一天建成的"，同样，学校的战略目标也不是一天完成的，毕竟任务的制定是预期了一个至少在 3～10 年中的任务目标，属于中长期的发展战略，因此，必须进行分步骤、分年度的分解，每一年度做每一步骤的事情。分步骤实施，最为关键的就是制定年度目标，年度目标是学校资源配置工作的基础；它是评价学校各级管理者的尺度；它是监测运作过程，使其向实现长期目标前进的工具（罗珉，2003）。

第二，根据年度目标进行合理化的资源配置。高等学校管理者要根据战略管理的目标确定的资源优先配置顺序。在大学中可供配置的资源主要包括人、财、物、政策等。学校的高层管理者，要根据年度的战略目标，去优先配置需要的资源。如果学校将年度的目标与战略定位于研究型大学建设，那么人、财、物的配置就要优先研究，比如用于配置相应的科研经费、仪器、奖励，包括人才引进等，而不能重点把人、财、物投放到本科生的扩招上去。

第三，进行相应的组织机构匹配。学校发展战略的变化往往带来或者要求相应的组织结构与之相匹配。学校组织结构的必要的重新设计，可以促进战略实施的有效性，因为组织结构在很大程度上能决定目标、政策的落实程度，决定资源配置的方式。对于高校而言，一般有职能式结构、分部式结构、战略事业结构、矩阵式结构等几种方式。对于促进高等教育与经济发展之间的匹配性、协调性而言，我们认为，分部式的结构能更加有利于战略的实施。这种分部式结构最为常见的就是进行"校院"的两级管理，各自责任明确，院系领导对本院各项事务都负有主要责任。这种分部式结构可以保证权力下放到院系，院系领导以及员工、教师等都以自己的绩效为基础。这种分部式的结构，最大的优点就是能充分保证院系根据外部环境的变化及时、敏锐地做出调整，可以说在应对社会发展对学校人才培养的多样化需求、应对经济发展对人才培养的需求方面具有非常灵活的优势。同时，这种大学和学院之间的松散联结关系，可以充分促进各个院系之间的竞争、交流与合作。

四、战略评价与控制

战略的评价与控制是对战略决策的对错与否、合理与否的一个把握性环节。

因为正确的战略决策会对大学产生积极正向的持久影响，而错误的决策会给大学发展带来深远的恶劣影响甚至产生严重后果。因此，战略评价显得尤为重要。这里所指的战略评价，不单单是一种终结性的战略评价，不是等一项战略完全执行完成之后再进行评价。特别是要想真正解决好高等教育与区域经济协调发展的问题，必须更加重视过程性的战略评价与控制。在整个战略实施的过程中，要根据实际需要，随时对战略实施的过程进行监控，对出现的问题进行及时的调整，哪怕战略规划、方向出现了问题，更要随时监控，及时调整。正确的战略决策会对大学发展产生显著的持久影响，错误的战略决策会对大学发展造成难以估量的损失。战略评价在整个战略管理流程中如图7-5所示。

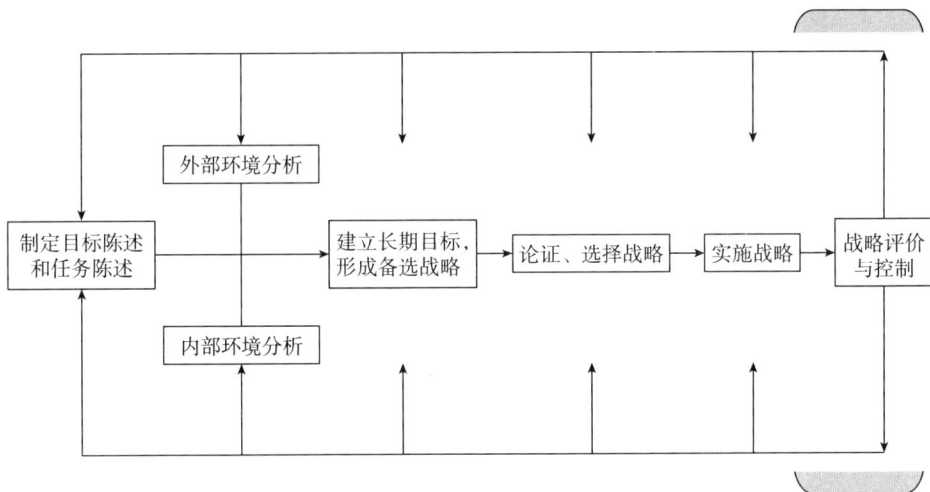

图 7-5　战略评价阶段图

资料来源：笔者整理绘制。

虽然战略评价处于战略管理的流程末端，并不意味着战略评价与控制是整个战略管理的终结。每一次战略评价可能是下一轮战略管理的新的起点。

进行战略评价与控制，首先要遵循一定的评价标准。理查德·鲁梅特（Richard）曾经对企业的战略评价提出了可用于战略评价的4条准则：一致、协调、优越和可行。其中协调（consonance）与优越（advantage）主要用于对组织的外部评价，而一致（consistency）与可行（feasibility）则主要用于内部评估（弗雷德·R. 戴维，2001）。

鲁梅特所给出的评价标准虽然来自对企业的评价，但对高等学校组织的战略评价亦有一定的借鉴意义。在运用上述评价标准进行战略评价时，要充分考虑到高等学校战略管理是一个相对长期的活动过程的特点，充分重视高等学校管理活动的权变性。在战略管理过程中，随着内外环境的变化，往往会出现很多不确定性因素、难以控制的因素，战略评价要根据新情况、新环境、新问题进行评价。同时，在已有高等学校战略管理方案的基础上随机应变，调整好学校战略管理的方案、内容，使得学校发展战略与内部外部环境变化保持良好的适应性。

总之，高等学校要非常充分地从战略规划升级到战略管理，用以应对、解决好高等教育与外在环境中区域经济的失调问题。不引入战略管理思维，不充分考虑内外环境变化，即使国家级高等教育管理部门、省级高等教育管理部门给出了多大的政策空间，高等教育与区域经济之间的有效协调问题都难以得到根本解决。而且，战略管理并不是一门非常精密的科学，也不是一个有着固定模式的管理模式，更不是一种简单地靠定量分析、固定模式的制定就能执行得很好的管理模式。战略管理是一门充满着创造性思维、艺术想象的管理过程，高等学校的管理者要更多地发挥自己的已有经验、直觉、创造力等多种因素，如此就更能充分地使高等教育与外在的环境之间有着更好的竞争力、更大的核心竞争力和更好的适应性。

第八章
吉林省高等教育与区域经济的
适应性研究小结

一、对吉林省高等教育与区域经济的适应性进行了总体评估，得出了结论

总体来看，吉林省高等教育对区域经济属于一种"低水平稳定感"性的适应。具体而言，"稳定感"，即高等教育学科结构与产业结构之间匹配性较好，从吉林省近十几年的发展来看吉林省高等教育效率较高，高等教育与区域经济协调性较好；低水平，即吉林省高等教育的层次结构与产业结构之间还有差距，吉林省高等教育对区域经济发展的贡献率与全国平均水平比并不高，吉林省高等教育与区域经济协调之间还处于低水平协调的发展阶段，尚有较大发展空间。

二、厘清了与协调发展相关的一些概念，如协调、协调发展等

我们从动静结合的角度对协调做出了定义：协调是一种主体间的相互配合与合作，是系统的子系统其各个因素间同步的联合作为、集体行为。协调既是一种系统要素间的静态的和谐比例关系，也是一种系统要素间动态的比例平衡关系及平衡发展态势，在一个系统中各个系统、各个要素之间地位平等、相互协作、相互配合、相互促进，从而形成的一种更加良性的、有秩序的发展态势。

协调发展，我们将其限定为：通过社会系统中的政治、经济、科技、教育、环境、资源、人口等子系统元素之间的相互协作、配合、促进而形成的共时态的静态和谐、平衡，以及历时态的动态和谐、平衡的良性发展态势。

我们将高等教育限定为从形式上而言，谈及的内容、整理的数据都特指全日制高等教育，不包括业余高等教育；从结构上而言，高等教育包括专科以上阶段的高等教育，也包括硕士、博士阶段的高等教育；从类型上而言，单指普通高等教育。

区域经济限定为狭义的区域经济，特指某一特定区域内的社会经济活动以及各种经济要素相互关系的总和，是一种基于省级地域的地域性经济体系。就本书的具体地域范围而言，主要限定到吉林省的区域范围内。

三、明确了高等教育与区域经济之间的作用机制

本书从整个人类历史发展的过程，纵向梳理了高等教育与经济、与区域经济关系从稀疏到逐渐密切的产生机理；从横向的角度，对高等教育与区域经济是如何作用的关系机理进行了探索性分析。通过分析发现，高等教育与区域经济之间的关系是，高等教育通过发挥自身的"经济功能"服务于区域经济发展。高等教育为区域经济发展提供充足有效的人力资源、为区域经济发展提供丰富的科技创新支撑、为区域经济发展提供直接性消费，是高等教育发挥自身经济功能的主要渠道和途径方式。同样，区域经济发展水平在一定程度上决定区域内高等教育水平。这主要包括：区域经济发展水平在一定程度上决定受高等教育受教育人口数量，区域经济发展水平在一定程度上决定高等教育发展水平，区域内经济结构在一定程度上决定高等教育结构。

通过上述作用机理的探索，为探索吉林省高等教育与区域经济之间的协调程度奠定了确定性的理论基础。

四、构建了评价高等教育与区域经济协调度的综合评价指标体系

在评价全国31省份高等教育与区域经济协调度时，高等教育系统中，从规模结构、等级结构、质量结构、投入水平四个维度选取了10个具有代表性的指标来构建、表征我国区域高等教育综合发展水平。区域经济系统中，从经济规

模、经济结构、人口因素、经济增长四个维度，选择了 11 个反映经济发展水平的指标来构建评价指标体系，表征地区内的经济发展水平。

然而在评价吉林省内高等教育与区域经济的历时态协调度时，根据数据获得更加便利、丰富的角度对上述的评价指标体系进行了微调。吉林省的高等教育评价指标体系中的指标从 11 个增加到了 13 个，分别为招生数量、普遍高校毕业生数、专任教师数、研本比（在校研究生人数与在校本科生人数）、每万人大学生数量、副教授以上占教师比重、师生比、从业人员大专以上学历占比、国外主要检索工具收录论文数、普通高等学校生均教育经费支出等。

经济发展水平评价指标体系中的指标从原来的 11 个增加到 12 个，分别为地区 GDP、地区固定资产投资额、地区全社会消费品零售总额、地区财政收入、人均地区生产总值、城镇居民人均可支配收入、农村居民人均纯收入、第二产业增加值占地区生产总值的比重（简称第二产业增加值占比）、第三产业增加值占比、城镇化率、各地区进出口总额占全国进出口总额比重。

五、探讨了吉林省高等教育与区域经济的协调度

通过分析发现，从全国比较的层面以及吉林省近十几年来的协调发展态势来看，得出如下几个成果：一是吉林省的高等教育与经济发展之间属于一种"基本协调"类型行列的"中等协调水平"；二是吉林省的高等教育发展要略好于经济发展；三是近些年来，高等教育与区域经济之间的协调状况有走低的趋势；四是吉林省高等教育对经济发展的贡献率较低。

吉林省的这种基本协调类型、中等协调水平的结果判定，都是建立在吉林省的高等教育和经济发展水平与其他省份相比都没有获得充分发展的基础上的，即吉林省高等教育、经济发展水平都不高的基础上的一种较低水平、层次不高的协调状态。

六、分析了导致吉林省高等教育与经济发展协调度不高的多角度因素

先对导致吉林省高等教育与区域经济发展协调度在全国范围内水平较低的影

响因素进行了分析。采用战略管理分析中的外部环境角度分析切入，对导致经济发展水平不高的主要的吉林省产业结构问题进行分析，得出了吉林省经济发展的产业结构主要是以第二产业为主，经济发展水平还相对较低；认识到了吉林省经济增长点主要集中于交通运输设备制造、石化产业、农副产品加工产业、医药产业这几个领域。吉林省的三大支柱产业分别为汽车、石化、农产品加工。这三大支柱产业，包括优势产业的医药、电子，从 2004 年开始的增加值和利润比例基本稳定地占到全省规模以上工业比例的百分之七十。这种以第二产业而不是第三产业为主、以知识经济带动社会整体发展的现实趋势，是造成目前经济发展水平不高的主要原因之一。

　　然而吉林省的高等教育发展，虽然在一定程度上超前于吉林省的经济发展，但其发展也受到诸多方面的制约。就现实的实际而言，吉林省的高等教育，尚未发挥出高等教育应有的"知识经济社会主导社会前进"的职能。从区位因素来说，吉林省地处我国的东北部，从全国的范围来看，地缘上并不存在优势可言。因此，整个吉林省的教育与其他华东、华中、华南等地区的高等教育发展相比，在综合竞争力、投入、基础设施、科研产出、成果转换、学科发展、学科竞争力等方面都具有很大差距。从财政资源来说，尚未形成多元化的高等教育投资体制。目前吉林省的高等教育投入，主要是以政府的投入为主，社会办学、举办者投入等机制尚未形成、成熟。高等教育经费投入与全国范围内其他省份相比差距较大。总体来说，高等教育经济主要依靠财政投入，负债多、压力大、来源单一。从高精尖的人类资源因素来说，高等教育所培养出的高精尖人才比较难以留在吉林省产生更大的效应。吉林省比较难吸引到高层次、高水平的拔尖人才，不能更加充分地发挥高等教育自身所具有的经济功能。从地域布局来说，近七成的高校集中于省会城市。中小城市很少有高校存在，也难以留住、吸引外来的优秀人才。由此，中小城市还难以从人力资源的优势中充分获益，促进经济快速发展。从管理体制来说，吉林省高等教育管理的主体——政府，所存在的越位、缺位的情况较多，存在的"大政府"的问题，由此，对市场经济的需要缺乏灵活、灵敏的反应；然而就高等学校内部管理而言，行政权力、学术权力较难耦合，行政干预过度，面向社会、市场办学的能力还需要进一步提升。从教育结构来说，学科专业结构的区域服务指向性不强，各种类型、层次结构还不合理。主要表现在龙头性、引领性的"211""985"高校较少，仅有 2 所。其中一所还是师范类院校，与地方经济发展相关性较弱。职业技术类的院校较少，而且普遍性的发展水平、层次都很低，没有一所全国知名的技术类院校。

造成吉林省高等教育与经济发展之间的低水平协调，高等教育对经济增长贡献率不高的最重要因素，是吉林省高等教育还缺少对经济发展的适应性。换句话说，吉林省的高等教育，因为受到国家主义特征的高等教育管理体制的影响，受到省级高等教育管理部门的限制，受到高校面向市场、服务市场需求办学的自主办学能力影响，从而造成了高等教育的办学效益不高。高等学校办高等教育，更多的是"向上看"地面对政府管控，较少可能的"向下看"地面对市场，高等教育与经济发展要非常理想地实现协调发展、协同发展的可能性就更小。

七、基于战略管理理论，提出了解决吉林省高等教育与区域经济协调发展的可行性对策

利用战略管理理论中重视外部环境分析、重视高层决策、重视提高组织核心的竞争力等方面的核心要旨，利用战略管理理论更加注重组织外部的组织之间的竞争性合作等未来发展态势，提出了解决吉林省高等教育区域经济协同发展的可行性对策。

在提出具体对策时，研究者并没有就经济系统应该如何发展、高等教育体系应该如何发展，各自提出相应的对策，而是从高等教育更好地发挥更大作用的角度，提出从高等教育体系自身做起、改起，通过提高高等教育体系的核心竞争力，去引领、带动社会中经济体系的发展。然而高等教育体系要能真发挥出如此大的作用，必须要考虑自身从国家级的高等教育管理部门，从省级高等教育管理部门、高等学校自身，都面向市场真正地、更好地实现自主办学。

参考文献

［1］Ansoff H. I. The Concept of Strategic Management ［J］. Journal of Business Policy, 1972 （2）: 4.

［2］Arthur A. , Thompson Jr. and A. J. Strickland Ⅲ. Strategic Management: Concept and Cases ［M］. Beijing: China Machine Press, 1998.

［3］Bryson John M. Strategic Planning for Public and Nonprofit Organizations ［M］. San Francisco: Jossey Bass Publishers, 1995.

［4］H. Igor Ansoff. Implanting Strategic Management ［M］. London: Prentice Hall, 1984.

［5］K. J. Arrow. The Economic Implications of Learning by Doing ［J］. The Review of Economic Studies, 1962 （29）: 155 – 173.

［6］Lucas R. E. On the Mechanics of Economic Development ［J］. North – Holland, 1988 （22）: 36 – 45.

［7］Margaret Preedy, Ron Glatter and Christine Wise. Strategic Leadership and Educational Improvement ［M］. London: Paul Chapman Publishing, 2003.

［8］Michael Mann. States, War and Capitalism ［M］. Oxford: Blackwell, 1988.

［9］Paul C. Nutt, Robert W. Backoff. Strategic Management of Public and Third Sector Organization: A Handbook for Leaders ［M］. San Francisco: Jossey – Bass, 1992: 54 – 58.

［10］Romer P. Endogenous Technological Change ［J］. Journal of Political Economy, 1990 （5）: 45 – 51.

［11］Solow R. A Contribution to the Theory of Economic Growth［J］. The Quarterly Journal of Economics，1956（70）：65 – 94.

［12］S. E. Frost. Historical and Philosophical Foundations of Western Education［M］. Columbus：Charles E. Merrill Publishing Company，1966.

［13］Schultz Theodore W. Investment in Human Capital［J］. American Economic Review，1961，51（1）：1 – 17.

［14］阿尔温·托夫勒. 第三次浪潮［M］. 朱志焱，潘琪，张炎，译. 北京：生活·读书·新知三联书店，1983.

［15］艾尔弗雷德·D. 钱德勒. 战略与结构［M］. 孟昕，译. 昆明：云南人民出版社，2002.

［16］保罗·C. 纳特，罗伯特·W. 巴可夫. 公共和第三部门组织的战略管理：领导手册［M］. 陈振明等，译. 北京：中国人民大学出版社，2001.

［17］保罗·萨缪尔森，威廉·诺德豪斯. 经济学（第16版）［M］. 萧琛，译. 北京：华夏出版社，1999.

［18］蔡国春. 美国院校研究的性质与功能及其借鉴［D］. 南京：南京师范大学，2004.

［19］陈赟. 教育经济功能的研究［D］. 上海：华东师范大学，2002.

［20］陈振明. 公共管理学——一种不同于传统行政学的研究途径［M］. 北京：中国人民大学出版社，2004.

［21］迟景明，李奇峰，何声升. 基于TOPSIS法我国高等教育与区域经济协调发展的地区差异研究［J］. 黑龙江高教研究，2019（12）.

［22］戴维·米勒，韦农·波格丹诺. 布莱克维尔政治学百科全书［M］. 邓正来等，译. 北京：中国政法大学出版社，1992.

［23］邓小平. 邓小平文选（1975—1982)［M］. 北京：人民出版社，1983.

［24］范明. 江苏省高等教育与经济协调发展研究［D］. 南京：河海大学，2003.

［25］方江山. 非制度政治参与——以转型期中国农民为对象分析［M］. 北京：人民出版社，2000：25.

［26］方鹏，高耀，顾剑秀. 差异的均衡：长三角城市群高等教育与经济水平协调度的动态考察（2004—2008）［J］. 中国人民大学教育学刊，2013

（3）：22.

[27] 方银汇．高等学校战略管理研究［D］．福州：福建师范大学，2006.

[28] 方泽强，欧颖．高等教育区域协调发展与政府理性决策［J］．决策与信息，2016（7）．

[29] 弗雷德·R. 戴维．战略管理［M］．李克宁，译．北京：经济科学出版社，2001.

[30] 弗雷德·R. 戴维．战略管理［M］．徐飞，译．北京：中国人民大学出版社，2012.

[31] 高文武，王虎成．从管理思想发展趋势看文化管理与战略管理的互补［J］．长安大学学报（社会科学版），2011（3）：37－42.

[32] 高耀，纪燕，方鹏．中国大陆十大城市群高等教育与区域经济协调度因素分析与集成评估［J］．现代大学教育，2013（5）：44－50.

[33] 格里高利·G. 戴斯，G. T. 拉普金．战略管理——创造竞争优势［M］．邱琼，刘辉峰，译．北京：中国财政经济出版社，2005.

[34] 古德诺．解析中国［M］．蔡向阳，李茂增，译．北京：国际文化出版公司，1998.

[35] 郭健，顾岩峰．我国区域高等教育协同发展：结构矛盾、肇因分析及策略选择［J］．中国高教研究，2020（6）．

[36] 哈克·雷，沃尔特·哈克卡尔·坎道里．学校经营管理：一种规划的趋向［M］．张新平，译．重庆：重庆大学出版社，2003.

[37] 胡鹏山．论加强高校的战略管理［J］．上海高教研究，1997（3）：53－56.

[38] 扈中平，李方，张俊洪．现代教育学［M］．北京：高等教育出版社，2005.

[39] 黄福涛．外国高等教育史［M］．上海：上海教育出版社，2003.

[40] 吉林省统计局．吉林统计年鉴 2012［M］．北京：中国统计出版社，2012.

[41] 贾领军，刘健. 2012 年吉林省石化行业经济运行分析［J］．中国石油和化工经济分析，2013（5）：54－55.

[42] 贾少华．民办大学的战略［M］．杭州：浙江大学出版社，2005.

［43］教育部教育管理信息中心．美国麻省理工学院产学结合、发展高新技术的经验［J］．中国高校技术市场，2000（6）：65－66．

［44］瞿葆奎．教育基本理论之研究［M］．福州：福建教育出版社，1998．

［45］李美亭．普通高校成人高等教育应注重加强战略管理［J］．继续教育研究，2006（5）：115－116．

［46］李明，郜镱滨．福建省高等教育与区域经济增长的关系研究［J］．福建论坛，2013（12）：167－173．

［47］李荣，孟正倓．高等教育和区域经济发展的协调性研究［J］．中外企业家，2020（8）．

［48］李兴旺．推进教育评价改革提升教育治理能力［N］．中国教育报，2014－07－14．

［49］李玉刚．战略管理［M］．北京：科学出版社，2005．

［50］厉以宁．技术教育和资本主义工业化：西欧和美国技术力量形成问题研究［J］．社会科学战线，1978（4）：93－102．

［51］联合国教科文组织国际教育发展委员会．学会生存：教育世界的今天和明天［M］．上海：上海译文出版社，1979．

［52］梁焱，孙浩，李绍荣．现代大学战略管理［M］．沈阳：东北大学出版社，1997．

［53］刘根东．大学跨越式发展中的战略管理［J］．南通大学学报（教育科学版），2005（3）：1－5．

［54］刘晖晖．企业与商业模式［J］．广西大学学报（哲学社会科学版），2009，31（6）：5．

［55］刘向兵，李立国．大学战略管理导论［M］．北京：中国人民大学出版社，2006：125．

［56］柳海民．教育原理［M］．长春：东北师范大学出版社，2006．

［57］娄金海．高等学校实施战略管理的若干问题研究——以扬州大学实施战略管理为例［D］．南京：南京理工大学，2005．

［58］罗珉．管理理论的新进展［M］．成都：西南财经大学出版社，2003．

［59］马克斯·韦伯．经济与社会（上卷）［M］．林荣远，译．北京：商务印书馆，1998．

［60］毛盛勇．中国高等教育与经济发展的协调性研究［M］．北京：中国统计出版社，2010.

［61］彭晶．民办高等教育中政府战略管理研究［D］．苏州：苏州大学，2006.

［62］乔治·凯勒．大学战略与规划：美国高等教育管理革命［M］．别敦荣，译．青岛：中国海洋大学出版社，2005.

［63］秦洁，修晨．河南省高等教育与经济协调发展研究［J］．经济经纬，2009（2）：2－24.

［64］曲涛，王雪梅，陈婷婷．基于DEA模型的海南省高等教育与区域经济耦合关系实证研究［J］．中州大学学报，2019（3）.

［65］申树斌．东北地区高等教育发展与经济增长关系的实证分析［J］．辽宁大学学报（自然科学版），2019（4）.

［66］宋洁绚．基于国家主义的高等学校招生考试制度研究［D］．武汉：华中科技大学，2009.

［67］孙长青，张秋立．美国高等教育战略管理兴起的背景、原因及发展轨迹［J］．郑州大学学报（哲学社会科学版），2009（1）：96－99.

［68］孙希波．黑龙江省高等教育与经济协调发展研究［D］．哈尔滨：哈尔滨工程大学，2006.

［69］谭斌．高等学校战略管理：理论与模式研究［D］．济南：山东师范大学，2006.

［70］唐蓉．论高等学校战略管理［D］．武汉：武汉大学，2004.

［71］王昶．战略管理：理论与方法［M］．北京：清华大学出版社，2010.

［72］王焕勋．实用教育大辞典［M］．北京：北京师范大学出版社，1995.

［73］王建民．战略管理学［M］．北京：经济科学出版社，2003.

［74］王敬华，郑卫华．天津市高等教育与经济关系研究［J］．河北师范大学学报，2008（2）：20－22.

［75］王树松．黑龙江省高等教育规模与区域经济协调发展研究［D］．哈尔滨：哈尔滨师范大学，2019.

［76］王素君，吕文浩，王晴．地方高校特色办学与区域发展［J］．沈阳建筑大学学报（社会科学版），2019（6）.

［77］王维国．协调发展的理论与方法研究［D］．大连：东北财经大学，1998.

［78］吴鹏．大学战略规划制定过程的基本分析［D］．苏州：苏州大学，2008.

［79］吴雯雯，曾国华．高等教育学科结构与产业结构适配问题——以江西省为例［J］．教育学术月刊，2015（5）：37－45.

［80］肖昊．教育发展［M］．武汉：武汉大学出版社，2004.

［81］熊川武．学校"战略管理"论［J］．高等师范教育研究，1997（2）：35－39.

［82］徐文俊，刘志民．高等教育与区域经济互动发展的问题与对策［J］．江苏高教，2011（3）：49－51.

［83］许晶．提升吉林省产业集群竞争力研究［J］．经济纵横，2013（5）：77－80.

［84］闫华清，吴芳．福建省高等教育与区域经济协同发展研究——基于"海上丝绸之路"背景下［J］．北方经贸，2020（6）．

［85］杨德广．高等教育学概论［M］．上海：上海交通大学出版社，1991.

［86］杨凯．高校扩招后的战略调整：回顾与展望［J］．高等教育研究学报，2005（4）：9－12.

［87］姚启和．高等教育管理学［M］．武汉：华中理工大学出版社，2000.

［88］余峰．加强高校发展战略管理的思考［J］．建材高教理论与实践，1999（3）：32－33.

［89］俞文钊．管理的革命［M］．上海：上海教育出版社，2003.

［90］约翰·L. 汤普森．愿景领导［M］．大连：东北财经大学出版社，1999.

［91］张光斗．中国科学家思想录（第一辑）［M］．北京：科学出版社，2013.

［92］张秋立．当前我国高等教育战略管理研究现状分析［J］．黑龙江高教研究，2007（12）：59－61.

［93］张秋立．美国高等教育战略管理发展轨迹探寻［J］．教育学术月刊，2008（3）：69－71.

［94］张文彤，董伟.SPSS 统计分析高级教程［M］.北京：高等教育出版社，2014.

［95］张文耀.西部高等教育与区域经济协调发展研究［D］.西安：西北大学，2013.

［96］张学敏.教育经济学［M］.重庆：西南师范大学出版社，2001.

［97］张艳，姜莹，张雪，等.高等教育与泛东北区域经济协调发展分析［J］.沈阳农业大学学报（社会科学版），2010（11）：664 – 668.

［98］张英花，李星云.经济新常态下区域经济发展对高等教育发展的需求分析——以江苏省泰州市为例［J］.内蒙古师范大学学报（教育科学版），2019（1）.

［99］张泽麟.高等学校战略管理研究［D］.长沙：湖南大学，2003.

［100］张振助.高等教育与区域互动发展研究［J］.教育发展研究，2003（9）：36 – 39.

［101］赵曙明.美国高等教育管理研究［M］.武汉：湖北教育出版社，1991.

［102］郑鸣，朱怀镇.高等教育与区域经济增长——基于中国省际面板数据的实证研究［J］.清华大学教育研究，2007（8）.

［103］中国社会科学院，世界经济政治研究所等.当代世界政治实用百科全书［M］.北京：中国社会出版社，1993.

［104］中国社会科学院语言研究所词典编辑室.现代汉语词典（2002 年增补本）［M］.北京：商务印书馆，2002.

［105］中华人民共和国中央人民政府.国家中长期教育改革和发展规划纲要（2010 – 2020 年）［EB/OL］.（2010 – 07 – 29）.http：//www. gov. cn/jrzg/2010 – 07/29/Content – 1667143. thml.

［106］周汉林.高等教育法的实施与高校战略管理［J］.黑龙江高教研究，1999（2）：14 – 17.

［107］周巧玲.大学战略管理研究［D］.上海：华东师范大学，2007.

后　记

　　本书以吉林省高等教育与经济增长的历史数据为基础，从高等教育专业设置与地方经济专业需求、传统的教学模式与社会实践、高校结构布局与区域经济发展的结构布局及大学生的就业与区域人力资源需求四个方面，对吉林省的区位条件、自然资源、人力资源、金融与资本要素、科技资源、产业结构、制度环境等进行了因素分析。以吉林省高等教育与经济协调发展关系为研究对象，根据战略管理强调组织对外部环境的灵活适应性的核心主旨，具象化地研究、探索、评估了吉林省区域内高等教育体系对区域经济发展环境的适应性、协调性，通过吉林省区域高等教育与经济发展相关现状和问题的分析，试图给出一个制定区域经济发展战略的分析框架，为吉林省在经济发展方式转型时期进行教育发展战略选择以及经济可持续发展等现实问题提供重要的参考。然而，虽然本书基于战略管理理论提出了吉林省高等教育与区域经济协同发展的一些问题、思路和对策，但是鉴于笔者本身缺乏从事高等教育管理的深入经历，致使本书可能带有一定的理想主义色彩。真正将本书的一些成果应用于实践尚需有很长的路要走，真诚希望广大读者能够多提宝贵建议和意见，笔者将在未来求索的路上，使之不断完善，在理想主义与现实主义之间谋求更好的发展道路。

　　在本书写作过程中，参考了国内外诸多学者的著述，借鉴了很多观点与思想，对相关论著的作者及专家表示深深的谢意。